COMMENT RÉDIGER SON PLAN D'AFFAIRES

À l'aide d'un exemple de projet d'entreprise

Les Éditions Transcontinental inc.
1247, rue de Condé
Montréal (Québec)   H3K 2E4

Fondation de l'Entrepreneurship
160, 76e Rue Est, bureau 250
Charlesbourg (Québec)   G1H 7H6

Tél. : (514) 933-2225
1 888 933-2182

Tél. : (418) 646-1994
1 800 661-2160

La collection *Entreprendre* est une initiative conjointe de la Fondation de l'Entrepreneurship et des Éditions Transcontinental inc. afin de répondre aux besoins des futurs et des nouveaux entrepreneurs.

Données de catalogage avant publication (Canada)
Belley, André
Comment rédiger son plan d'affaires — À l'aide d'un exemple de projet d'entreprise
Collection *Entreprendre*
Publié en collaboration avec la Fondation de l'Entrepreneurship
ISBN 2-89472-028-9 (Éditions Transcontinental) - ISBN 2-921681-68-4 (Fondation de l'Entrepreneurship)
1. Projet d'entreprise. 2. Entreprises nouvelles. 3. Entreprises - Planification.
4. Planification stratégique. 5. Affectation des ressources. 6. Gestion de projets.
I. Dussault, Louis. II. Laferté, Sylvie. III. Fondation de l'Entrepreneurship. IV. Titre.
V. Collection : Entreprendre (Montréal, Québec).
HD30.28.B45 1996   658.4'012   C96-941506-0

Ce volume a été réalisé grâce à la collaboration du
Centre collégial de formation à distance (CCFD).

Révision et correction :
Jean-François Tremblay
Lyne Roy

Photocomposition et mise en pages :
Studio Andrée Robillard

© Les Éditions Transcontinental inc. et
   Fondation de l'Entrepreneurship, 1996
Dépôt légal — 4e trimestre 1996
Bibliothèque nationale du Québec
Bibliothèque nationale du Canada

ISBN 2-89472-028-9 (Les Éditions)
ISBN 2-921681-68-4 (La Fondation)

ANDRÉ BELLEY
LOUIS DUSSAULT
SYLVIE LAFERTÉ

COMMENT RÉDIGER SON PLAN D'AFFAIRES

À l'aide d'un exemple de projet d'entreprise

HD
30
.O28
B45
1996

Note de l'éditeur

Indépendamment du genre grammatical, les appellations qui s'appliquent à des personnes visent autant les femmes que les hommes. L'emploi du masculin a donc pour seul but de faciliter la lecture de ce livre.

Tous droits réservés. Toute reproduction en tout ou en partie, par quelque procédé que ce soit, graphique, électronique ou mécanique, est strictement interdite sans l'autorisation écrite de l'éditeur.

Avant-propos

Quiconque souhaite démarrer son entreprise doit obligatoirement connaître l'importance d'un plan d'affaires bien rédigé. Pour le nouvel entrepreneur, c'est la première — et la plus importante — carte de visite. Pour l'investisseur ou le créancier éventuel, c'est le gage d'un projet sérieux. Pour l'entreprise naissante, c'est un ingrédient indispensable à la solidité de sa fondation. En effet, si le plan d'affaires ne peut pas, à lui seul, assurer la viabilité et la rentabilité d'une entreprise, il permet sûrement d'éviter un faux départ et d'amorcer ses activités du bon pied. Ceci, investisseurs et créanciers le savent depuis longtemps!

Dans cet ouvrage, les auteurs **André Belley**, **Louis Dussault** et **Sylvie Laferté** approfondissent toutes les étapes indispensables à la rédaction d'un bon plan d'affaires. On y retrouve les interrogations auxquelles le nouvel entrepreneur doit répondre et les éléments sur lesquels il doit se pencher. Ils sont tous importants et aucun ne doit être négligé : la recherche d'information préalable, les études de marché, de faisabilité et de rentabilité, la mission de l'entreprise, son organisation interne physique et matérielle, l'interaction de l'entreprise avec ses propriétaires, ses employés, ses partenaires d'affaires, sa clientèle ainsi que les problèmes éventuels qu'elle aura à affronter... et les solutions possibles. À travers toutes ces étapes, le lecteur est invité à découvrir et à suivre le cheminement d'une entreprise fictive vouée à un bel avenir : la boutique Viens bouquiner, qu'utilisent les auteurs pour illustrer leur propos.

Comment rédiger son plan d'affaires constitue un guide d'accompagnement pour le démarrage d'une entreprise et vient compléter avantageusement d'autres produits déjà bien connus de la collection *Entreprendre*. C'est avec plaisir que la Fondation de l'Entrepreneurship s'associe aux Éditions Transcontinental afin de présenter aux entrepreneurs un ouvrage qui deviendra sans doute un outil de référence indispensable dans l'élaboration de leur projet.

François Vaillancourt
Fondation de l'Entrepreneurship

 **Fondation de l'Entrepreneurship**

La Fondation de l'Entrepreneurship œuvre au développement économique et social en préconisant la multiplication d'entreprises capables de créer l'emploi et favoriser la richesse collective.

Elle cherche à dépister les personnes douées pour entreprendre et encourage les entrepreneurs à progresser en facilitant leur formation par la production d'ouvrages, la tenue de colloques ou de concours.

Son action s'étend à toutes les sphères de la société de façon à promouvoir un environnement favorable à la création et à l'expansion des entreprises.

La Fondation peut s'acquitter de sa mission grâce à l'expertise et au soutien financier de quelques organimes. Elle rend un hommage particulier à ses quatre partenaires :

et remercie ses gouverneurs :

 CENTRE DE DÉVELOPPEMENT ÉCONOMIQUE ET URBAIN Ville de Montréal

  SOCIÉTÉ QUEBECOISE DE DEVELOPPEMENT DE LA MAIN-D'OEUVRE

TABLE DES MATIÈRES

Remerciements 13

Proposition de méthode de travail 15
- La structure du volume 15
- Des sections très importantes 15
- Une proposition de méthode de travail 17
- Un plan d'affaires compte combien de pages? 19

Introduction 21

CHAPITRE 1
Avant de commencer la rédaction de votre plan d'affaires... 27

- 1.1 L'importante recherche d'information préalable
  à la rédaction d'un plan d'affaires 27
  - 1.1.1 Les données secondaires 28
    - 1.1.1.1 Les statistiques 29
    - 1.1.1.2 Les écrits divers 30
    - 1.1.1.3 Les répertoires 31
    - 1.1.1.4 Les banques de données 32
  - 1.1.2 Les données primaires 33
- 1.2 L'étude de marché 36
- 1.3 L'étude de faisabilité 38
  - 1.3.1 Le prototype 39
  - 1.3.2 La disponibilité et le coût des ressources nécessaires 41
    - 1.3.2.1 Les ressources matérielles 41
    - 1.3.2.2 Les ressources techniques 42
    - 1.3.2.3 Les ressources humaines 43
    - 1.3.2.4 Les ressources financières 44
  - 1.3.3 Les questions légales 45
- 1.4 L'étude de rentabilité 46

CHAPITRE 2
La description de l'organisation et de l'occasion d'affaires 49

- 2.1 La description de l'organisation 49
  - 2.1.1 La raison sociale 50
  - 2.1.2 La forme juridique de votre entreprise 51
  - 2.1.3 Le cheminement réalisé 54
- 2.2 L'énoncé de la mission de l'entreprise
  et la description de l'occasion d'affaires 54
- 2.3 Quels sont vos objectifs ? 56
- 2.4 L'analyse du secteur d'activité et de l'environnement général 59
  - 2.4.1 Le secteur d'activité (industrie) 59
  - 2.4.2 L'environnement général 62
    - 2.4.2.1 L'environnement politique et légal 62
    - 2.4.2.2 L'environnement économique 63
    - 2.4.2.3 L'environnement social et culturel 64
    - 2.4.2.4 L'environnement technologique 64
    - 2.4.2.5 L'environnement écologique 65
    - 2.4.2.6 Le sommaire des occasions et des menaces de l'environnement 65
- 2.5 Exemple de la boutique Viens bouquiner 67
- 2.6 Les applications propres à mon projet 74

CHAPITRE 3
L'équipe entrepreneuriale 75

- 3.1 Les compétences requises par rapport à votre occasion d'affaires 75
- 3.2 Le choix des partenaires 78
- 3.3 Les droits et les devoirs des actionnaires ou des associés 79
- 3.4 Exemple de la boutique Viens bouquiner 80
- 3.5 Les applications propres à mon projet 91

CHAPITRE 4
L'analyse du marché 93

- 4.1 L'dentification de la clientèle et l'évaluation des marchés 93
  - 4.1.1 La description de la clientèle 93
  - 4.1.2 L'évaluation de la demande globale 95
  - 4.1.3 L'évaluation de la demande pour le marché cible 96
  - 4.1.4 Les facteurs déterminants de la demande 96

TABLE DES MATIÈRES

- 4.2 L'analyse de la concurrence directe et indirecte .97
- 4.3 Le choix stratégique 100
- 4.4 L'évaluation du chiffre d'affaires 101
- 4.5 Exemple de la boutique Viens bouquiner 105
- 4.6 Les applications propres à mon projet 113

CHAPITRE 5
Le plan de localisation 115

- 5.1 Le choix de la localisation et de l'emplacement 116
- 5.2 Le sommaire des coûts de localisation 118
- 5.3 Exemple de la boutique Viens bouquiner 121
- 5.4 Les applications propres à mon projet 123

CHAPITRE 6
Le plan de marketing 125

- 6.1 La description du produit ou du service 125
- 6.2 Le prix de vente 129
- 6.3 La publicité et la promotion 130
- 6.4 La stratégie de distribution 133
- 6.5 La politique de service après-vente et de garantie 135
- 6.6 Le sommaire des coûts de marketing 136
- 6.7 Exemple de la boutique Viens bouquiner 138
- 6.8 Les applications propres à mon projet 143

CHAPITRE 7
Le plan des opérations 145

- 7.1 Les besoins et la disponibilité des matériaux et des fournitures 146
- 7.2 Les besoins et la disponibilité des biens à revendre 147
- 7.3 La description de la technologie et du processus
  de fabrication ou d'exploitation 147
- 7.4 L'aménagement du local et l'équipement requis 148
- 7.5 La gestion des opérations 149
- 7.6 Le sommaire des coûts des opérations 151
- 7.7 Exemple de la boutique Viens bouquiner 153
- 7.8 Les applications propres à mon projet 157

CHAPITRE 8
Le plan écologique 159

- 8.1 Les risques écologiques et environnementaux 160
- 8.2 Les organismes réglementaires 160
- 8.3 Le sommaire des coûts du plan écologique 160
- 8.4 Exemple de la boutique Viens bouquiner 162
- 8.5 Les applications propres à mon projet 163

CHAPITRE 9
Le plan des ressources humaines 165

- 9.1 Les besoins en main-d'œuvre 165
    - 9.1.1 La main-d'œuvre 165
    - 9.1.2 Les postes clés et la structure de l'entreprise 167
    - 9.1.3 La philosophie de gestion 168
- 9.2 Les organismes réglementaires 168
- 9.3 Les investisseurs non actifs et le parrainage 170
- 9.4 Le conseil d'administration ou le comité de gestion 170
- 9.5 Les conseillers externes 171
- 9.6 Le sommaire des coûts du plan des ressources humaines 172
- 9.7 Exemple de la boutique Viens bouquiner 173
- 9.8 Les applications propres à mon projet 175

CHAPITRE 10
Le plan de développement de l'entreprise 177

- 10.1 Les objectifs à long terme et la croissance de l'entreprise 177
- 10.2 Le développement futur de votre produit ou de votre service 178
- 10.3 L'évaluation continuelle du marché 179
- 10.4 Le sommaire des coûts de recherche et développement 181
- 10.5 Exemple de la boutique Viens bouquiner 182
- 10.6 Les applications propres à mon projet 184

CHAPITRE 11
Le calendrier de réalisation, le plan de gestion
des risques et les solutions de rechange 185

- 11.1 Le calendrier de réalisation 185
- 11.2 L'obtention des permis et le respect des lois et
  règlements s'appliquant à l'entreprise 187
- 11.3 Le plan de gestion des risques et les solutions de rechange 188
- 11.4 Le sommaire des coûts légaux et de gestion des risques 190
- 11.5 Exemple de la boutique Viens bouquiner 191
- 11.6 Les applications propres à mon projet 194

CHAPITRE 12
Le plan des ressources financières 195

- 12.1 Le bilan et les besoins financiers personnels 196
- 12.2 La préparation des états financiers prévisionnels 197
  - 12.2.1 Les hypothèses de base 198
  - 12.2.2 Le bilan d'ouverture ou les coûts et le financement du projet 198
    - 12.2.2.1 Le financement conventionnel 199
    - 12.2.2.2 Le financement de risque 201
    - 12.2.2.3 Le financement gouvernemental 201
  - 12.2.3 L'état des résultats prévisionnels 202
  - 12.2.4 Le budget de caisse 203
  - 12.2.5 Les bilans prévisionnels 204
- 12.3 L'analyse financière 204
  - 12.3.1 Le seuil de rentabilité 205
  - 12.3.2 Les ratios financiers 206
- 12.4 La recherche de financement 208
- 12.5 Exemple de la boutique Viens bouquiner 210
- 12.6 Les applications propres à mon projet 242

CHAPITRE 13
Les dernières étapes 243

- 13.1 La préparation du sommaire 244
- 13.2 La préparation de la table des matières 244
- 13.3 Exemple de la boutique Viens bouquiner 246

Conclusion 253

Bibliographie 257

Lexique des principaux termes financiers utilisés 263

Annexe 1 267
Interface gouvernementale en matière de propriété intellectuelle

Remerciements

La conception et la rédaction d'un ouvrage comme celui-ci émanent de l'esprit de plusieurs personnes. En ce sens, nous tenons à remercier tous les entrepreneurs et toutes les entrepreneures qui ont bien voulu partager avec nous leur projet d'entreprise.

Nos remerciements vont aussi à tous nos étudiants et à toutes nos étudiantes qui ont discuté avec nous des différentes versions de ce volume et de leur projet d'entreprise.

Enfin, nous remercions plus particulièrement madame Annie Normandin, qui nous a permis avec beaucoup d'empressement d'utiliser son plan d'affaires pour illustrer nos propos.

Proposition de méthode de travail

LA STRUCTURE DU VOLUME

Dans ce volume, vous trouverez toutes les questions auxquelles vous devrez répondre pour rédiger votre plan d'affaires. Il est structuré de la même façon que le sera votre plan d'affaires, une fois que celui-ci sera terminé. La figure 1, que vous trouverez dans l'introduction de ce volume, montre cette structure. Quoi qu'il en soit, la rédaction du plan d'affaires résultera de votre démarche de recherche, de l'analyse que vous ferez de l'information recueillie et des décisions que vous prendrez.

Pour réaliser cette démarche, les principales sources d'information vous seront présentées dans le premier chapitre, alors que nous identifierons d'autres sources d'information pertinente dans chacun des chapitres suivants. La recension de ces sources d'information n'est pas exhaustive ; il est possible que certains organismes soient manquants ou que d'autres s'ajoutent ou disparaissent entre le moment où nous avons écrit ces lignes et le moment où vous entreprendrez la rédaction de votre plan d'affaires. Dans le doute, vous pourrez effectuer les vérifications nécessaires auprès de Communication-Québec. Cet organisme gouvernemental est en mesure de vous informer sur de telles modifications.

DES SECTIONS TRÈS IMPORTANTES

Dans tous les chapitres où cela s'est avéré pertinent, nous avons inséré une section s'intitulant **Le sommaire des coûts**. Cette section a pour but de vous permettre de retrouver, en un même endroit, tous les renseignements dont vous aurez besoin pour compléter vos prévisions financières (chapitre 12).

De plus, pour vous aider dans la réalisation de votre travail, vous trouverez, à la fin de chacun des chapitres (sauf le premier), un exemple de ce qui aura été présenté. Les sections de cet exemple représentent le contenu d'un plan d'affaires complet. Nous avons choisi le plan d'affaires de la boutique **Viens bouquiner**, qui se spécialise dans la vente de livres d'occasion. La majorité des données qui y figurent sont réelles ; nous avons cependant retranché ou ajouté certains renseignements afin de mieux illustrer notre propos et dans le but de préserver la vie privée de la promotrice du projet. On trouvera toujours cet exemple sous l'appellation suivante : **Exemple de la boutique Viens bouquiner**.

Enfin, à la fin de chaque chapitre, vous trouverez une section s'intitulant **Les applications propres à mon projet**. Ce tableau reprend les principaux éléments du travail que vous aurez à faire pour rédiger votre plan d'affaires. Il est conçu de façon à ce que vous puissiez identifier, en cochant, ce qui s'applique à votre projet. Il pourra aussi vous servir d'échéancier pour la réalisation de votre projet, puisque vous y retrouverez un espace pour y indiquer une date d'échéance et les sources d'information qui vous seront nécessaires pour réaliser cette étape. Bref, il s'agit d'une sorte d'échéancier de travail, que vous pourrez adapter selon vos besoins. À titre d'exemple :

Éléments de contenu du plan d'affaires	Cet élément s'applique-t-il à mon projet ?	Date d'échéance pour cette étape	Sources d'information à utiliser
Forme juridique de l'entreprise	*Oui*	*14 janvier 1997*	*Notaire Gagnon (444-2323) Palais de justice, rue Principale*
Marché visé	*Oui*	*30 janvier 1997*	*Mon étude de marché Statist. Canada (Jean Labonté, poste 334)*
Propriété intellectuelle	*Non*		

UNE PROPOSITION DE MÉTHODE DE TRAVAIL

Nous vous suggérons de reproduire dès maintenant toutes les sections s'intitulant **Les applications propres à mon projet** et de les organiser, dans un classeur à anneaux, par sujets. En effet, la première chose que vous aurez à faire sera de classer les données que vous aurez accumulées par le biais de vos démarches, de façon à ce qu'elles vous soient utiles et facilement accessibles. Ainsi, toutes les fois que vous trouverez un renseignement ou un document portant sur l'un de ces sujets, vous le classerez dans la section correspondante de votre classeur. Dans certains cas, un renseignement ou un document pourra se retrouver sous plusieurs rubriques : reproduisez-le alors en quantité suffisante et classez-le dans les sections correspondantes.

Armez-vous d'un crayon et de courage, et lisez tout le volume une première fois. Repérez les sections qui s'appliquent à votre projet et identifiez-les comme telles sur les fiches **Les applications propres à mon projet.**

Il est fort possible que certaines sections du plan d'affaires ou que certains chapitres de ce volume ne s'appliquent pas à votre projet. Par exemple, si vous êtes travailleur autonome et que vous ne prévoyez embaucher aucun employé, la section sur les ressources humaines sera des plus brèves, sinon inexistante, dans votre plan d'affaires. Cependant, réfléchissez bien avant de laisser tomber une section, voire une seule question : elle pourrait avoir des implications que vous n'auriez pas imaginées à première vue.

Après avoir fait cette première lecture, reprenez toutes les fiches **Les applications propres à mon projet** et vérifiez si les sources d'information mentionnées, ou celles que vous avez identifiées dans une section, se répètent. Reclassez les éléments qui s'appliquent à votre projet selon la source d'information. Cette façon de procéder vous permettra de contacter une personne ou de visiter un centre de documentation une seule fois pour obtenir tous les renseignements dont vous avez besoin.

Lors de cette première lecture, vous pourrez déjà commencer la rédaction de certains éléments de votre plan d'affaires. En effet, vous possédez déjà certains renseignements. D'autres s'ajouteront avec le temps et vous permettront de détailler votre projet et de réduire l'incertitude.

Il est parfaitement normal que, lors de votre première esquisse de plan d'affaires, des détails vous échappent. Votre idée est nouvelle, vous explorez des possibilités ; bref, votre concept n'est pas tout à fait développé. Répétons-le : le temps, vos recherches d'information, vos analyses et vos réflexions vous permettront d'ajouter tous les détails nécessaires.

Pour reprendre une expression populaire : « Trop, c'est comme pas assez. » Aussi, dans votre recherche et votre analyse de l'information, ne péchez pas par excès. Ne vous contentez pas non plus du minimum. Établissez le niveau de détails que vous voulez atteindre dans votre recherche d'information. L'important est que vous ayez en main tous les renseignements nécessaires pour évaluer la faisabilité technique et commerciale de votre projet, de même que sa rentabilité. Cela vous permettra d'évaluer si cette entreprise vous mènera à l'atteinte de vos objectifs personnels. Enfin, il est possible que certains renseignements ne soient pas disponibles ; vous devrez quand même prendre des décisions avec l'information dont vous disposerez. Cela fait partie du rôle de l'entrepreneur.

Nous avons connu des entrepreneurs qui ont cherché si longtemps toute l'information pertinente ou non pertinente à leur projet que d'autres ont démarré une entreprise semblable avant eux. Le résultat : un entrepreneur sans entreprise, un projet *mort* avant d'avoir vu le jour. À l'opposé, nous avons connu d'autres entrepreneurs qui se sont contentés de peu de renseignements, mais qui ont oublié de vérifier des éléments aussi essentiels que les règlements municipaux. Le résultat : une fermeture de l'entreprise pour non respect du règlement de zonage.

Dans votre plan d'affaires, vous devrez identifier les sources d'information qui vous auront servi. Il peut s'agir de votre étude de marché, d'une référence bibliographique, d'un article de revue, d'une entrevue avec un fournisseur ou un représentant d'un organisme de développement économique. Assurez-vous de toujours prendre en note la référence exacte, le nom et le numéro de téléphone de la personne interrogée, et ce, pour toute l'information que vous recueillerez. Les lecteurs de votre plan d'affaires voudront connaître ces renseignements, et vous pourrez plus facilement retourner à vos sources de référence dans l'avenir. Tout écrire est l'un des secrets du succès d'un plan d'affaires, et c'est ce qui assurera que cette affaire se concrétisera.

UN PLAN D'AFFAIRES COMPTE COMBIEN DE PAGES ?

Une question qui nous est posée régulièrement concerne le nombre de pages que doit compter un plan d'affaires. À cette question, il y a plus d'une réponse. Ainsi, le plan d'affaires de la boutique Viens bouquiner compte quelque 50 pages écrites à simple interligne, incluant les prévisions financières. Nous avons aussi vu des plans d'affaires de 20 pages, dans le cas de travailleurs autonomes exploitant leur entreprise à partir de la maison, alors que nous en avons vu d'autres qui comptaient près de 300 pages, dans le cas d'entreprises manufacturières où l'on devait construire un bâtiment, embaucher plusieurs employés et acheter beaucoup d'équipement spécialisé.

Nonobstant le nombre de pages, l'important est que vous y ayez planifié toutes les étapes importantes de votre projet et que toute l'information pertinente s'y trouve.

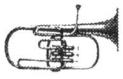 *Au fil de votre lecture, vous remarquerez la présence de cette icône. Elle indique que le temps est venu pour vous de rédiger une section précise de votre plan d'affaires.*

Maintenant, au travail !

Introduction

Cet ouvrage vous est présenté afin de vous aider dans la préparation de votre plan d'affaires. Il vous permettra de planifier votre projet d'entreprise dans sa globalité, de façon à prévoir et à minimiser le plus possible les risques inhérents au démarrage d'une nouvelle entreprise.

L'élaboration de ce guide est le résultat d'une recension importante des écrits sur le sujet[1]. Il combine l'expérience pratique que ses auteurs ont accumulée sur le terrain, au contact d'entrepreneurs, avec celle acquise en donnant des cours portant sur la création d'entreprises.

La préparation d'un plan d'affaires n'est pas un exercice futile. Quoi que l'on puisse penser, son objectif premier est de simuler ce que sera l'entreprise convoitée au cours des trois à cinq premières années de son existence. L'entrepreneur qui investit une partie importante de ses ressources, sinon toutes, trouvera sans doute qu'il est capital d'évaluer si l'occasion poursuivie lui permettra d'atteindre les objectifs visés. Les erreurs que la préparation du plan d'affaires aura permis d'éviter coûteront moins cher et seront moins tragiques lorsqu'elles auront été prévues que si elles étaient vécues en cours de réalisation. Le plan d'affaires demeurera, par la suite, un outil de gestion précieux qui servira d'outil pour toutes les personnes engagées dans le processus de démarrage de l'entreprise.

---

1. André BELLEY, Louis DUSSAULT et Jean LORRAIN. *Le plan d'établissement prototype : analyse critique du contenu de plans d'affaires*, ministère de l'Agriculture, des Pêcheries et de l'Alimentation du Québec, décembre 1989.

Le plan d'affaires représente l'étape de la planification, première étape du processus de *management*, qui consiste à planifier, organiser, diriger et contrôler les activités essentielles à l'atteinte des objectifs poursuivis par l'entreprise et par l'entrepreneur.

Pour demeurer efficace, le plan d'affaires devra, par la suite, être maintenu à jour afin de refléter les conditions changeantes du milieu. Finalement, le plan d'affaires est un support essentiel à toute demande d'aide sollicitée par l'entrepreneur, que ce soit une demande de subvention ou de financement à la dette, ou encore la recherche de partenaires intéressés à partager la propriété de l'entreprise. Il supportera même la recherche de clients et de fournisseurs éventuels.

Timmons et autres[2] traduisent notre pensée en proposant que l'objectif de la préparation du plan d'affaires soit d'abord de se convaincre soi-même que le projet est viable. Ensuite, il sera utile, pour convaincre les autres, que l'on ait identifié une bonne occasion d'affaires, que l'on possède les talents entrepreneuriaux et les talents de gestionnaire requis et que, finalement, on ait un plan rationnel, crédible et cohérent pour réaliser cette occasion d'affaires.

Le contenu de base du canevas de préparation du plan d'affaires, selon le modèle intégrateur proposé à la figure 1, vous est présenté à la page suivante. On y retrouve, dans un premier bloc, trois des quatre éléments essentiels au processus de création d'une entreprise : **l'entrepreneur**, qui a identifié dans son milieu une **occasion d'affaires** pour laquelle existe un **marché**. Suivront, en ce qui a trait au plan d'affaires, la description de l'occasion d'affaires ancrée dans son environnement général et dans son secteur d'activité, l'analyse de son marché et la présentation de l'entrepreneur ou de l'équipe entrepreneuriale, selon le cas. Sur cette planification stratégique de l'entreprise reposera toute la planification opérationnelle, c'est-à-dire la façon dont l'entrepreneur organisera les ressources mises à sa disposition afin d'exploiter l'occasion d'affaires qu'il a identifiée.

---

2. Jeffrey TIMMONS, Leonard E. SMOLLEN et Alexander M. DINGEE. *New venture creation, a guide to entrepreneneurship*, Richard D. Irwin, second edition, Homewood, Ill., 1985.

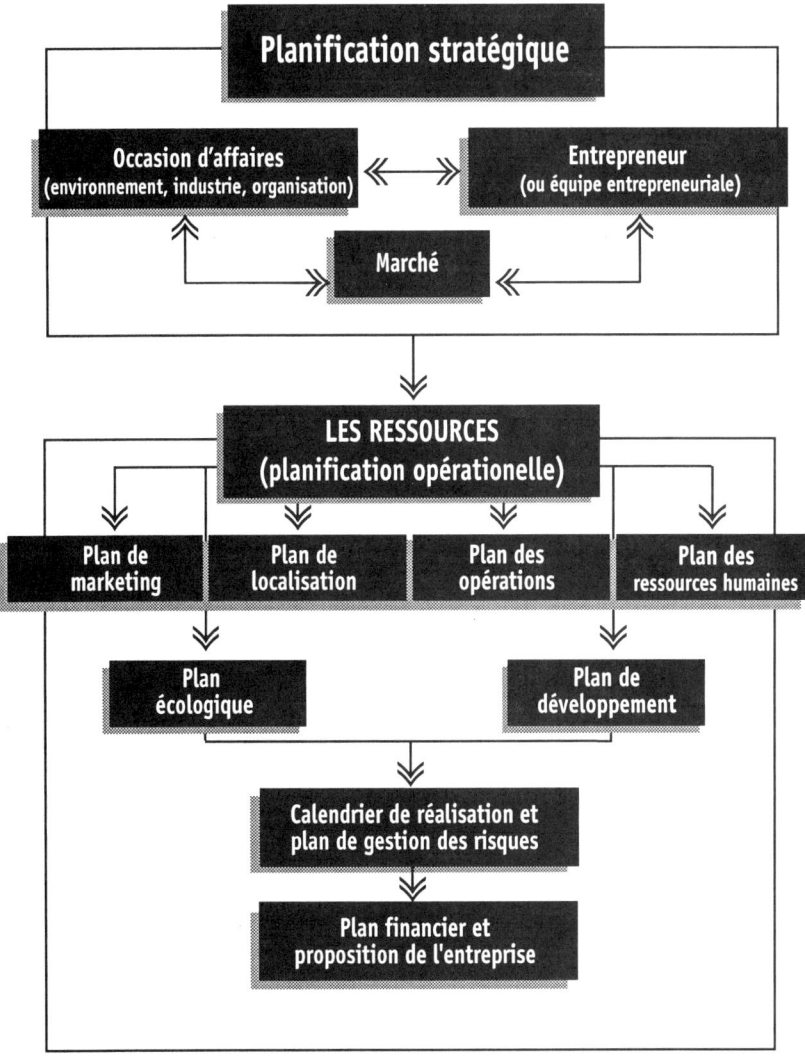

Figure 1
Le modèle intégrateur du contenu d'un plan d'affaires : les 4 éléments essentiels au processus de création d'une entreprise.

En ce sens, le deuxième bloc introduit le quatrième élément du processus de création d'entreprises : les **ressources**. Nous faisons ici référence aux plans d'allocation des ressources, dans la préparation desquels l'entrepreneur identifie, d'une part, les ressources nécessaires pour mener à bonne fin son entreprise et amorce, d'autre part, le tissage du réseau essentiel à leur appropriation. Les plans d'allocation des ressources se concrétisent dans les diverses sections du plan d'affaires qui porteront sur chacune des fonctions de l'entreprise, à savoir la localisation, le marketing, les opérations, l'écologie, les ressources humaines, la recherche et le développement de même que la gestion des ressources financières.

Comme le plan d'affaires repose sur un ensemble d'hypothèses, il demeure important que les risques y soient identifiés et que des plans de contingence, ou solutions de rechange, soient élaborés. Si le plan d'affaires vise la recherche de financement, on retrouvera, dans le plan des ressources financières, la proposition de ce que l'entreprise est prête à offrir en contrepartie du financement requis pour son démarrage.

Ce volume a été rédigé dans l'optique du démarrage d'une nouvelle entreprise. Cependant, il peut aussi être utilisé pour l'achat d'une entreprise déjà existante, pour prendre de l'expansion ou pour consolider vos opérations si vous êtes déjà en affaires. Dans ces cas, la rédaction du plan d'affaires et la recherche d'information préalable doivent respecter la même démarche. La principale différence est que vous aurez probablement déjà en main la majorité des renseignements nécessaires et que vous pourrez vous appuyer sur les résultats des années antérieures.

Les promoteurs de projets coopératifs, communautaires, sportifs ou sociaux auront aussi avantage à utiliser ce modèle pour élaborer leur projet d'organisation. La démarche proposée est favorable à tous types de projets, qu'ils soient à but lucratif ou non. En effet, tout projet viable doit démontrer une faisabilité technique, commerciale et financière. Les promoteurs de projets sans but lucratif doivent aussi convaincre des organismes subventionnaires de financer leur projet, en assurer un certain autofinancement, vendre leur produit ou leur service aux clientèles qu'ils auront identifiées et ainsi de suite.

Ce guide d'élaboration du plan d'affaires vous est présenté sous forme de questions et de directives vous invitant à réfléchir sur les diverses dimensions qui interagissent dans le processus de création d'une entreprise. La présentation formelle du plan d'affaires se fait sous la forme d'un rapport structuré empruntant la même démarche que celle utilisée dans le guide. Débutons dès maintenant avec l'information dont vous aurez besoin pour rédiger votre plan d'affaires.

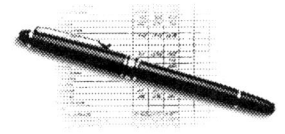

CHAPITRE 1

Avant de commencer la rédaction de votre plan d'affaires...

Ayez toute l'information en main !

1.1 L'IMPORTANTE RECHERCHE D'INFORMATION PRÉALABLE À LA RÉDACTION D'UN PLAN D'AFFAIRES

Avant d'entreprendre la rédaction de votre plan d'affaires, vous aurez besoin de recueillir et d'analyser une quantité importante de renseignements de toutes sortes. Ces renseignements traiteront, entre autres :

- du besoin ou de la demande pour votre produit ou votre service ;
- de la disponibilité et du coût de l'équipement ou des biens dont vous aurez besoin pour exploiter votre entreprise ;
- des besoins en main-d'œuvre ;
- des frais d'exploitation de votre entreprise ;
- des lois et règlements régissant les affaires en général, et votre entreprise en particulier, et bien plus encore.

En fait, le plan d'affaires est le résultat écrit d'une démarche de recherche et d'analyse de l'information recueillie, visant la prise de décision concernant les différents aspects de votre future entreprise.

Dans le langage des affaires, cette démarche de recherche et d'analyse de l'information visant la prise de décision comprend :
- l'étude de marché (quel sera mon chiffre d'affaires ? quels seront mes concurrents ?) ;
- l'étude de la faisabilité technique (les ressources nécessaires à la réalisation de mon projet me sont-elles accessibles ?) ;
- l'étude de la rentabilité du projet (vais-je réaliser des profits suffisants ?).

Lorsque ces trois études sont réalisées, la rédaction de votre plan d'affaires devient « l'affaire » de quelques jours. Le processus de recherche et d'analyse d'information peut varier quant à sa durée, pouvant s'étendre sur quelques semaines ou sur plusieurs mois. Cela dépend de l'énergie que vous y consacrerez, de même que de la complexité de votre projet et de votre connaissance personnelle du secteur d'activité dans lequel vous vous engagez.

Afin d'obtenir l'information dont vous aurez besoin pour réaliser ces trois types d'études, vous pouvez puiser à deux sources principales. La première source d'information est constituée des renseignements disponibles sous formes de statistiques, de répertoires, de rapports de recherches, d'articles de journaux ou de revues spécialisées. C'est ce que l'on appelle les données secondaires. Ce sont des données publiées.

La deuxième source d'information est constituée des renseignements que vous recueillerez directement auprès des personnes concernées, soit des représentants de votre marché cible et toutes les autres personnes concernées par les aspects autres que ceux de l'étude de marché. C'est ce que l'on appelle les données primaires, non publiées, évidemment. Voyons ces deux sources d'information plus en détail.

1.1.1 Les données secondaires

Les données secondaires sont des données, ou de l'information, qui ont été recueillies et compilées pour d'autres fins que les vôtres, mais qui peuvent vous être utiles. Elles vous serviront à rédiger plusieurs sections de votre plan d'affaires. Parmi elles, on compte les statistiques, les écrits divers, les répertoires et les banques de données.

1.1.1.1 Les statistiques

Les principales sources de données secondaires proviennent d'organismes tels que Statistique Canada et le Bureau de la Statistique du Québec. Ces deux organismes peuvent vous fournir des données compilées à partir des recensements ou d'autres provenant de compilations faites par divers organismes ou ministères.

Pour connaître les données disponibles, consultez les documents suivants :
- *Répertoire des ensembles de données, Bureau de la Statistique du Québec*
- *Répertoire des ensembles de données, ministères et organismes gouvernementaux du Québec*
- *Catalogue des publications de Statistique Canada*
- *Catalogue des publications des Publications du Québec*

Ces quatre documents sont publiés annuellement et sont généralement disponibles pour consultation dans les bibliothèques des établissements d'enseignement supérieur (cégeps ou universités). Certaines bibliothèques municipales peuvent posséder ces documents. Ils présentent, par sujets, les documents ou l'ensemble des renseignements ayant fait l'objet d'une compilation ou étant encore disponibles pour consultation dans les bibliothèques. Certains de ces documents doivent cependant être commandés spécialement pour vous, mais, à ce moment, vous devrez débourser des frais pouvant varier de quelques dollars à quelques centaines de dollars. Informez-vous avant de passer une commande.

En ce qui a trait au catalogue des documents publiés par les Publications du Québec, il est généralement disponible, gratuitement, dans les librairies commerciales concessionnaires des Publications du Québec. Vous trouverez ces librairies dans toutes les régions du Québec ; pour identifier celle qui est la plus près de chez vous, consultez les pages bleues de l'annuaire téléphonique sous la rubrique *Gouvernement du Québec — Publications du Québec*. Vous trouverez un numéro sans frais permettant de commander un catalogue.

Enfin, pour obtenir plus de renseignements sur les publications de Statistique Canada, consultez la section *Gouvernement du Canada* des pages bleues de l'annuaire téléphonique et composez le numéro sans frais pour communiquer avec cet organisme. Cependant, notez que le catalogue des publications de Statistique Canada était vendu 15 $ en 1995.

1.1.1.2 Les écrits divers

D'autres organismes recueillent de l'information sur toutes sortes de sujets. Mentionnons seulement les journaux et les revues d'affaires, tels que le *Journal Les Affaires*, ou les revues spécialisées telles que *PME, Commerce* et *Affaires Plus*. Ces publications regorgent d'articles et d'études sur toutes sortes de sujets. Vous pouvez toujours les consulter à la bibliothèque des établissements d'enseignement supérieur ou, dans certains cas, à la bibliothèque municipale.

À ces sources s'ajoutent toutes les publications spécialisées portant sur d'autres sujets et étant vendues dans les kiosques à journaux. Des revues existent sur à peu près tous les sujets, que ce soient les sports, la musique et la culture ou encore l'informatique et les jeux de rôles. Vous serez surpris de l'information que vous trouverez dans ces documents.

Les organisations ou corporations professionnelles compilent également beaucoup de renseignements sur les activités qui concernent leurs membres et, dans plusieurs cas, publient une revue sur une base régulière. Si vous êtes membre d'une ou de plusieurs corporations professionnelles, vous recevez certainement de ces publications. Dans le cas contraire, vous pouvez trouver des exemplaires de ces publications dans les bibliothèques des établissements d'enseignement supérieur.

Les centres de recherche universitaires, collégiaux ou privés publient des rapports de recherches qui pourraient peut-être vous intéresser. Afin de connaître les centres de recherche qui couvrent le secteur d'activité qui vous intéresse, vous pouvez contacter l'université la plus près de chez vous ou encore vous informer auprès des organismes de développement économique qui œuvrent dans votre région ou votre localité.

Ces derniers, ainsi que les ministères provinciaux et fédéraux, possèdent généralement des centres de documentation, où vous pouvez consulter divers documents traitant de différents secteurs d'activité (agriculture, forêts, industries, etc.) et des lois et règlements qui les régissent ou traitant de votre région (localité ou région administrative). Pour identifier les organismes de développement économique et les ministères œuvrant dans votre région, contactez Communication-Québec et commandez un exemplaire gratuit du guide *Fonder une entreprise*.

Enfin, des documents portant sur la structure financière des entreprises, comme les publications de Statistique Canada, du Bureau de la Statistique du Québec, de Dunn & Bradstreet et de Moody's peuvent vous aider dans votre recherche d'information sur la rentabilité de votre entreprise. Ces publications sont aussi disponibles pour consultation dans les bibliothèques des établissements d'enseignement supérieur.

1.1.1.3 Les répertoires

Dans votre recherche d'information, vous devez identifier les organismes ou les entreprises qui deviendront vos fournisseurs de biens ou de services et qui pourront vous fournir de l'information. Outre le guide *Fonder une entreprise* de Communication-Québec, il existe d'autres répertoires ou annuaires, qui pourront vous être très utiles. La majorité de ces répertoires ou annuaires sont disponibles aux mêmes endroits que les statistiques et les écrits divers. D'autres, comme les annuaires de membres des corporations professionnelles, ne sont cependant distribués qu'aux membres.

Dans le catalogue des Publications du Québec, vous pouvez trouver la liste des répertoires publiés par cette maison d'édition, comme le *Répertoire des municipalités du Québec* ou celui des organismes gouvernementaux provinciaux.

Pour identifier les fournisseurs de services professionnels (avocats, notaires, comptables, ingénieurs, architectes, etc.), vous pouvez tout simplement consulter l'annuaire téléphonique de votre localité ou, mieux, vous informer auprès des membres de votre réseau personnel, dont nous discuterons un peu plus loin dans ce chapitre.

Pour identifier les fournisseurs et les distributeurs de produits, d'équipement, d'outillage ou de matières premières, vous pouvez consulter le *Répertoire des produits fabriqués et distribués au Québec*, publié annuellement par le Centre de recherche industrielle du Québec. Vous pouvez aussi consulter les listes d'entreprises disponibles auprès des organismes de développement économique de votre région.

Enfin, prenez note que la majorité de ces répertoires et ensembles de données statistiques sont aussi disponibles sous forme de cédérom dans les centres de documentation des établissements d'enseignement supérieur et qu'ils peuvent être directement accessibles par Internet.

1.1.1.4 Les banques de données

Pour toutes vos recherches d'information, que ce soit pour l'étude de marché, pour les études de faisabilité et de rentabilité ou encore pour l'analyse du secteur d'activité et de l'environnement général (chapitre 2), vous pouvez puiser les renseignements dont vous aurez besoin dans diverses banques de données. Certaines sont accessibles gratuitement, généralement par le réseau Internet, alors que d'autres peuvent coûter jusqu'à 150 $ par heure d'utilisation.

Les banques de données couvrent à peu près tous les sujets possibles, des brevets aux statistiques démographiques, en passant par les bibliographies par sujet ou par auteur et les articles scientifiques présentés lors de diverses conférences internationales, sans oublier les répertoires de produits disponibles au Canada et aux États-Unis et les programmes de subventions.

Interroger une banque de données n'est pas toujours une chose facile. Il faut connaître les codes d'accès, les méthodes et les mots clés de recherche. Pour le non-initié, naviguer dans les banques de données peut coûter très cher en temps et en énergie. Soyez cependant rassuré : plusieurs intermédiaires ou courtiers en information peuvent vous aider dans vos recherches dans les banques de données. Ces intermédiaires peuvent être de source gouvernementale, comme le Bureau fédéral de développement régional, avec son service CentrAccès-PME, et le Conseil national de la recherche scientifique du Canada, avec son Centre d'information situé à Boucherville. D'autres intermédiaires sont de source privée ; vous pouvez trouver leurs coordonnées dans l'annuaire téléphonique ou encore en vous informant auprès de la corporation de développement économique (commissaire industriel) de votre région.

Notez que ces intermédiaires vous facturent les frais de la recherche qu'ils font pour vous dans ces banques de données. Il y a cependant de grandes chances que cela vous coûte moins cher que si vous faites votre recherche vous-même, puisque ces intermédiaires sont très à l'aise avec les banques de données et vont directement au but.

1.1.2 Les données primaires

À la différence des données secondaires, qui sont des données publiées, les données primaires proviennent de contacts avec des personnes, notamment avec votre clientèle cible et les membres de votre réseau d'affaires personnel.

Se bâtir un réseau d'affaires personnel est peut-être la première et la plus importante étape qui vous mènera à la rédaction de votre plan d'affaires et au démarrage de votre entreprise. En effet, les personnes que vous connaissez ou que vous chercherez à connaître, au sein de votre milieu ou œuvrant dans le même secteur d'activité que votre future entreprise, seront pour vous une source très importante d'information et, surtout, une voie d'accès pour l'établissement d'une liste d'autres contacts d'affaires.

Mais qui doit faire partie de votre réseau d'affaires ? Une personne à y intégrer très rapidement est un responsable du crédit commercial dans l'établissement financier où vous faites déjà affaires. Cette personne peut vous aider à identifier les sources de financement possibles pour votre projet et vous suggérer des personnes-ressources pour différents aspects de votre projet d'entreprise.

Si vous faites déjà affaires avec un comptable, un notaire, un avocat ou un autre professionnel, celui-ci peut vous intégrer à son propre réseau. Certains de ses clients peuvent devenir les vôtres ou encore se révéler des fournisseurs potentiels de matériel ou de financement pour votre entreprise.

Si vous entretenez des relations d'affaires avec des fonctionnaires ou avec des représentants d'organismes de développement économique, ceux-ci peuvent aussi vous présenter d'autres entrepreneurs et des fournisseurs potentiels avec lesquels vous pourriez faire des affaires.

Si vous connaissez des gens d'affaires, dans votre famille ou parmi vos amis, ceux-ci peuvent aussi vous « ouvrir des portes » auprès de clients ou de fournisseurs potentiels.

Enfin, pour que votre réseau d'affaires personnel soit efficace, vous devez l'entretenir, c'est-à-dire que vous devez donner autant que vous recevez. Comment ? Tout simplement en fournissant de l'information à vos contacts d'affaires, qui feront de même avec vous. Le principe est le même que pour votre réseau d'amis personnels. Vous informez Luc d'une bonne aubaine et, en retour, Luc vous informe sur un sujet qui vous intéresse. Johanne vous indique le meilleur restaurant du coin en retour de votre recette secrète de poulet chasseur.

En affaires, ce système de références ou de services fonctionne de la même façon ; seul le type d'information diffère. Paul, de ABC inc., vous indique le nom de son fournisseur d'équipement informatique et vous présente à lui comme étant un ami personnel, ce qui vous vaut une réduction. En retour, vous dites à Louise, de WYZ enr., que Paul, de ABC inc., offre le meilleur service en ville. Louise sera contente de faire des affaires avec Paul et dirigera éventuellement des clients vers votre entreprise.

Comme vous pouvez le constater, se bâtir et maintenir un réseau d'affaires personnel n'est pas si compliqué. Il faut cependant faire bien attention de ne pas le négliger, car, comme pour les amis, « loin des yeux, loin du cœur ».

Les sources de données primaires sont surtout les personnes qui composent votre marché cible, soit vos futurs clients. Ces personnes vous seront d'une grande utilité pour effectuer votre étude de marché. Pour les études de faisabilité et de rentabilité, dont nous reparlerons un peu plus loin dans ce chapitre, les sources de données primaires peuvent être des représentants d'organismes de développement économique, des fournisseurs, des fonctionnaires œuvrant dans les ministères concernés par votre secteur d'activité, des membres de votre corporation professionnelle et plusieurs autres. Nous reviendrons sur ces sources particulières de données dans les chapitres suivants.

Dans le cas de l'étude de marché, il existe plusieurs façons de recueillir des données primaires auprès de la clientèle cible. Vous pouvez procéder par questionnaire postal, par télécopieur, par entrevue téléphonique ou en personne et, finalement, en organisant des groupes de discussion.

Une étude approfondie des façons de recueillir les données primaires dépasse l'objectif fixé pour ce volume. Nous vous suggérons cependant la lecture du volume suivant :

GOUVERNEMENT DU QUÉBEC. *Connaître ses clients et leurs besoins : guide pratique d'analyse des besoins*, ministère du Loisir, de la Chasse et de la Pêche, Les Publications du Québec, Québec, 1992.

Ce guide présente les étapes à suivre pour les différentes méthodes de cueillette de données ainsi que la façon de réaliser une étude de marché. Quoique qu'il s'adresse surtout aux organismes ou personnes désirant démarrer des entreprises de services, notamment de type communautaire, les directives qu'il contient en ce qui a trait aux méthodes de recherche auprès du marché s'appliquent à tous genres de projets. Dans la bibliographie de ce volume, vous trouverez d'autres références qui pourront vous guider dans la réalisation de votre étude de marché.

1.2 L'ÉTUDE DE MARCHÉ

L'étude de marché a pour objectif premier de déterminer quelle est la demande pour votre produit ou votre service. Elle a aussi pour objectif de déterminer qui sont les concurrents déjà sur le marché, de même que d'évaluer les possibilités que d'autres entreprises viennent, comme vous, s'implanter dans le même secteur. Finalement, l'étude de marché permet d'accumuler l'information nécessaire à l'élaboration de la stratégie d'implantation dans le marché. Le but final est d'estimer le plus précisément possible quel pourrait être votre chiffre d'affaires pour les premières années d'exploitation de votre entreprise.

Ainsi, l'étude de marché vous aide à prendre des décisions éclairées sur les différents aspects de votre projet d'entreprise. Elle permet, entre autres, de déterminer les caractéristiques du produit ou du service à offrir et son prix de vente, de valider le choix de la localisation de votre entreprise et de planifier les moyens à prendre pour faire connaître votre entreprise, votre produit ou votre service.

Dégageant le chiffre d'affaires potentiel, grâce à l'évaluation de la demande pour votre produit ou votre service, l'étude de marché vous permet ensuite d'évaluer vos besoins en équipement pour fabriquer et vendre votre produit, de même que pour assurer la prestation de votre service afin qu'il corresponde aux besoins de votre clientèle. Au fait de ces renseignements, vous pourrez alors mieux évaluer vos besoins en ressources humaines pour assurer le fonctionnement efficace de votre entreprise.

Comme vous pouvez le constater, l'étude de marché est une étape primordiale à la réalisation de votre projet d'entreprise et à la rédaction de votre plan d'affaires. **Tout votre projet dépend des résultats de votre étude de marché.**

Enfin, vous pouvez faire votre étude de marché vous-même. Cela vous prendra un certain temps, mais vous serez assuré d'un meilleur contrôle de l'information. Vous pouvez aussi en confier la réalisation à une firme spécialisée. Ainsi, vous obtiendrez probablement votre étude plus rapidement, mais elle vous coûtera certainement plus cher.

Nous vous conseillons fortement de procéder aux recherches de données secondaires vous-même et, le cas échéant, de ne confier que l'enquête auprès de la clientèle cible (données primaires) à une firme spécialisée qui connaît bien les méthodes de collecte de données et qui pourra vous garantir une meilleure fiabilité des résultats. Le choix de la firme demeure très important. Il faut se méfier des charlatans. Vous pouvez consulter les membres de votre réseau d'affaires pour faire un choix éclairé.

Pour vous aider dans la réalisation de votre étude de marché, vous pouvez également avoir recours aux établissements d'enseignement supérieur. En effet, dans les universités et les collèges, les professeurs de marketing peuvent demander à leurs étudiants de réaliser une étude de marché dans le cadre de leurs cours. Souvent, les étudiants aiment bien avoir l'occasion de travailler à un projet réel.

Ainsi, quelques mois avant le début d'une session, contactez les professeurs de marketing du collège ou de l'université de votre région.

Informez-les de votre projet et demandez à ce qu'il soit soumis à leurs étudiants au cours du prochain trimestre. Cette façon de procéder ne vous coûtera pas trop cher et vous pourrez bénéficier de l'encadrement du professeur. De plus, vous aurez contribué à la formation pratique d'une équipe d'étudiants. Attendez-vous cependant à n'obtenir les résultats qu'à la fin de la session d'études. Il se peut aussi que votre projet ne soit pas retenu par les étudiants. Plusieurs universités et collèges comptent également des clubs de marketing et des clubs d'entrepreneurs étudiants, lesquels peuvent être sollicités moyennant une rétribution raisonnable. Ces clubs sont généralement encadrés par un professeur ou un professionnel du domaine.

Enfin, quelle que soit votre décision, vous devez bien évaluer vos besoins en information avant de vous lancer dans quelque recherche que ce soit. Pour définir vos besoins en information pour l'étude de marché, référez-vous à l'avant-propos de ce volume, où nous vous suggérons une méthode de travail pour la réalisation de votre plan d'affaires.

1.3 L'ÉTUDE DE FAISABILITÉ

Une fois votre étude de marché complétée, vous connaissez les besoins de votre clientèle potentielle et les vôtres, de même que les ressources nécessaires à leur satisfaction et à la réalisation de votre projet. L'étape subséquente est donc de déterminer les ressources nécessaires et de vérifier si elles sont disponibles, à quels coûts et à quelles conditions. Bref, l'étude de faisabilité permet de vérifier si le projet est « faisable » techniquement, humainement, légalement et financièrement.

La première étape de la réalisation de votre étude de faisabilité est la confection d'un prototype du produit que vous voulez fabriquer, si votre entreprise est de type manufacturier. Si vous comptez rendre un service, vous devez aussi réaliser un prototype, mais d'une façon quelque peu différente, soit par une simulation de la prestation de ce service.

Enfin, si vous comptez vendre au détail différents biens de consommation, vous n'avez pas de prototype à fabriquer. Vous devez cependant, comme pour les autres secteurs, réaliser les étapes subséquentes de l'étude de faisabilité, soit l'évaluation de vos besoins en ressources et l'identification des lois et règlements s'appliquant à votre secteur d'activité.

1.3.1 Le prototype

La réalisation d'un prototype vous permet de déterminer la faisabilité technique de votre produit ou de votre service. Vous pouvez également évaluer le temps requis pour fabriquer votre produit ou rendre votre service, identifier l'équipement et l'outillage nécessaires, identifier les compétences essentielles des ressources humaines qui y travailleront, mesurer la quantité de matières premières et de matériaux nécessaires à sa fabrication, dans le cas d'un produit, ou de fournitures nécessaires à sa prestation, dans le cas d'un service. Ces renseignements vous permettront d'évaluer le coût de votre produit ou de votre service, ce qui vous guidera dans la détermination de son prix de vente.

Comme pour l'étude de marché, la réalisation de votre prototype pourrait être confiée à un ou plusieurs étudiants d'un collège ou d'une université. Il s'agirait alors de vous informer auprès des professeurs y enseignant une matière reliée à votre projet (ingénierie, technique de dessin industriel, informatique, etc.) pour voir si un ou plusieurs de leurs étudiants seraient intéressés à faire ce travail pour vous dans le cadre d'un cours. Vous pouvez aussi en confier la réalisation à une firme spécialisée, mais à un coût supérieur.

Enfin, vous pouvez réaliser vous-même votre prototype, ce qui vous permettra, encore ici, de mieux contrôler l'information.

Lors de la fabrication de votre prototype, il est évident que les coûts engagés n'auront aucune commune mesure avec les coûts réels. En effet, si vous achetez une unité d'une pièce X pour réaliser votre prototype, elle vous coûtera plus cher que lorsque vous l'achèterez par dizaines ou centaines une fois votre entreprise en exploitation. L'important est de connaître les quantités requises par unité produite. Une fois que votre étude de marché vous aura permis d'évaluer les quantités que vous pourrez éventuellement vendre, il vous sera possible de déterminer, d'une part, votre coût de fabrication sur une base de coûts réels, puisque vous connaîtrez les quantités de matières premières à acheter pour parvenir à satisfaire à la demande, et, d'autre part, les possibilités de bénéficier d'escomptes de quantité.

En plus de l'information sur les besoins en matières premières, votre prototype doit vous permettre d'être renseigné quant aux aspects suivants :
- la nature et la quantité de fournitures nécessaires par unité produite (colle, vis...) ;
- la nature, la quantité et la capacité de production de l'équipement et de l'outillage requis pour fabriquer le produit et pour répondre à la demande de la clientèle ;
- le temps requis pour produire un nombre X d'unités afin de déterminer le coût en main-d'œuvre par unité produite ;
- le nombre d'employés et les compétences de la main-d'œuvre pour assembler ou fabriquer le produit, faire fonctionner l'équipement ou l'outillage requis et satisfaire à la demande de la clientèle.

Dans le cas d'une simulation de la prestation d'un service, votre prototype permet d'évaluer :
- le temps requis pour rendre ce service ;
- la nature, la quantité et la capacité de production de l'outillage nécessaire, le cas échéant ;
- le nombre d'employés et les compétences de la main-d'œuvre pour rendre le service.

1.3.2 La disponibilité et le coût des ressources

Une fois votre prototype réalisé, vous connaissez les ressources dont vous avez besoin. Ces ressources sont de quatre types : les ressources matérielles, les ressources techniques, les ressources humaines et les ressources financières. Ces ressources feront l'objet de différentes sections de votre plan d'affaires, comme nous le verrons plus loin dans ce volume. Pour l'instant, définissons brièvement l'information dont vous avez besoin sur chacune d'entre elles.

1.3.2.1 Les ressources matérielles

Les ressources matérielles sont notamment les matières premières et les pièces nécessaires à la fabrication de votre produit ou à la prestation de votre service, dans le cas d'un service de réparation, par exemple. Il s'agit aussi des biens à revendre dans le cas d'un commerce de détail.

Elles comprennent aussi les fournitures nécessaires (papier, colle, vis...) pour fabriquer le produit, rendre le service ou revendre les biens de consommation que les clients retrouveront dans votre commerce. Enfin, les ressources matérielles incluent l'équipement et l'outillage requis, qu'il s'agisse de machinerie industrielle, d'équipement informatique, de caisses enregistreuses ou de mobilier de bureau.

Dans l'étude de faisabilité, vous devez identifier les fournisseurs potentiels de toutes ces ressources matérielles et vous informer de leur disponibilité et de leur coût. En effet, imaginez que la pièce d'équipement dont vous avez besoin pour fabriquer votre produit ne soit pas encore inventée. Il vous faudra alors inclure dans votre plan d'affaires l'invention et la fabrication de cette pièce d'équipement, ce qui pourrait retarder votre démarrage et vous coûter beaucoup plus cher que vous ne le croyiez au départ.

Imaginez aussi que les biens à revendre proviennent d'un autre continent et que personne ne les importe actuellement. Il vous faudra alors inclure dans votre plan d'affaires les considérations reliées à l'importation, aux douanes, etc.

Imaginez enfin que les procédés de fabrication ou que certaines composantes soient protégés par un brevet, un droit d'auteur ou une autre forme de protection intellectuelle. Pensez aussi que si vous inventez un procédé ou un produit, vous aurez besoin d'une protection intellectuelle (nous en reparlerons plus loin).

1.3.2.2 Les ressources techniques

Quand on parle de ressources techniques ou de technologies, on parle des personnes ou des organismes qui les possèdent. On veut aussi savoir à qui appartient ce savoir-faire, s'il est d'usage public ou s'il est protégé. Par exemple, la marque de commerce Aspirine est protégée : elle appartient à la compagnie Bayer. Le programme informatique qui nous a permis d'écrire ce texte, quant à lui, est protégé par un droit d'auteur. D'un autre côté, la couture est une technique qui est de notoriété publique : tout le monde peut en faire.

Dans votre projet d'entreprise, il est possible que vous ayez besoin d'un savoir-faire qui appartient à quelqu'un d'autre ou encore que vous développiez un savoir-faire qu'il vous faudra protéger afin qu'il demeure votre propriété exclusive le plus longtemps possible. Il s'agit ici d'assurer votre propriété intellectuelle.

Au Canada, il existe six formes de propriété intellectuelle, soit le brevet, le droit d'auteur, la marque de commerce, le dessin industriel, l'obtention végétale et la topographie de circuits intégrés.

Le brevet s'applique à une innovation de fonction ou de procédé pour un produit, une pièce d'équipement ou d'outillage ; bref, le brevet s'applique à un produit tangible. Le droit d'auteur s'applique aux écrits tant littéraires qu'informatiques ou musicaux. La marque de commerce protège le nom d'un produit, alors que le dessin industriel protège un dessin, un logo, une forme particulière pour un produit. L'obtention végétale s'applique aux nouveaux produits de la terre ou aux nouvelles variétés de légumes, de fleurs ou d'arbres. Enfin, la topographie de circuits intégrés s'applique au plan tridimensionnel des puces électroniques.

Pour en savoir plus sur le sujet des brevets, nous vous conseillons la lecture du *Guide pratique de l'inventeur : en route pour le succès en 15 étapes*, écrit par Luc E. Morisset et publié par le Centre canadien d'innovation industrielle de Montréal (1994). Vous pouvez aussi communiquer avec l'Office de la propriété intellectuelle du Canada, qui vous fera parvenir, sans frais, des brochures explicatives sur ces différentes formes de protection intellectuelle, de même que sur les coûts qui leur sont associés. L'utilisation d'une technologie qui ne vous appartient pas est illégale. Si vous n'êtes pas certain que le savoir-faire dont vous avez besoin est de notoriété publique, vérifiez auprès de l'Office de la propriété intellectuelle du Canada. Vous trouverez les coordonnées de cet office sous la rubrique *Industrie Canada*, dans les pages bleues de l'annuaire téléphonique.

Une façon de régler le problème du savoir-faire, si vous ne le possédez pas vous-même, est d'embaucher des personnes qui le possèdent, de vous associer à ces personnes, ou de vous le procurer sous licence. Cette dernière possibilité consiste à obtenir la permission du détenteur de la propriété intellectuelle d'utiliser son savoir-faire en retour d'avantages financiers, tels qu'une redevance sur les ventes.

1.3.2.3 Les ressources humaines

Les ressources humaines que vous embaucherez doivent être en nombre suffisant pour répondre à la demande provoquée par l'apparition de votre produit ou service sur le marché, demande que vous aurez identifiée dans votre étude de marché. Ces ressources doivent posséder les compétences nécessaires pour faire fonctionner l'équipement et l'outillage que vous avez identifiés comme étant nécessaires à la production de votre bien, à la revente des biens de consommation que vous offrirez dans votre commerce ou à la prestation de votre service.

La question à se poser à ce moment est : « Les ressources humaines dont j'ai besoin sont-elles disponibles dans ma région, et à quel coût ? »

Pour vous aider à répondre à cette question, deux organismes régionaux peuvent vous aider. Il s'agit de la Société québécoise de développement de la main-d'œuvre (SQDM) et du Développement des ressources humaines Canada (anciennement les centres d'emploi). Ces deux organismes connaissent les compétences de la main-d'œuvre disponible dans la région ainsi que les taux horaires ou le salaire annuel moyen pour la plupart des catégories d'emplois.

1.3.2.4 Les ressources financières

À la suite de l'analyse approfondie de tous vos besoins en ressources matérielles, techniques et humaines, de même que des coûts qui y sont associés, vous êtes en mesure de déterminer le coût de votre projet et d'évaluer vos besoins en ressources financières.

À cette étape, vous devez évaluer le réalisme de votre projet par rapport à votre propre mise de fonds et à vos capacités personnelles d'emprunter. Ainsi, si vous possédez personnellement 5 000 $ et que vous évaluez votre projet d'entreprise à 250 000 $, attendez-vous à éprouver quelques difficultés à obtenir les 245 000 $ qui vous manquent.

Rassurez-vous : il existe plusieurs formes d'aide financière offertes par les différents paliers de gouvernement, notamment des garanties de prêts. Cette option consiste en un « endossement », par le gouvernement concerné, de votre emprunt auprès d'une institution financière. Cependant, soyez conscient qu'il vous faut généralement investir un minimum de 20 % du coût total de votre projet et que, dans certains cas, cette mise de fonds pourra aller jusqu'à 50 %, ce pourcentage étant déterminé par le niveau de risque que représente votre projet et par la nature des garanties offertes. Par exemple, il est plus facile de financer un bâtiment qu'un inventaire de restaurant. Le bâtiment est une bonne garantie pour un créancier, alors que la nourriture...

Pour identifier les programmes d'aide auxquels vous ou votre projet êtes admissibles, vous pouvez consulter le cédérom Mégatips (aussi disponible en format volume intitulé *Répertoire des subventions et aides gouvernementales*, aux Éditions Édipro inc.). On le trouve dans les bibliothèques des établissements d'enseignement supérieur. Il est aussi fort probable que la corporation de développement économique ou le service d'aide aux jeunes entrepreneurs de votre région possèdent ce volume dans leur centre de documentation.

Enfin, si vous vous apercevez que votre projet est peu réaliste, il existe une autre solution : démarrer à une plus petite échelle et grandir au fil du temps. Il s'agit là d'un conseil que nous donnons à tout nouvel entrepreneur et qui vous permettra de mieux contrôler le développement de votre entreprise.

1.3.3 Les questions légales

La dernière question qui pourrait avoir une influence négative ou positive sur votre projet est la question des lois et règlements s'appliquant aux affaires et à votre entreprise en particulier. En effet, il est possible qu'un règlement municipal ou qu'une loi gouvernementale vous empêchent de lancer votre entreprise ou apportent des limitations à votre projet. Nous avons déjà discuté des questions de propriété intellectuelle. Il existe cependant beaucoup d'autres lois et règlements qu'il vous faudra connaître et surtout respecter avant de démarrer votre entreprise.

Mentionnons les règlements municipaux de zonage et d'utilisation de l'eau potable, les lois concernant la protection de l'environnement et la gestion des ressources humaines, ainsi que les codes d'éthique ou de déontologie des corporations professionnelles. L'exploitation de certains types d'entreprises exige que l'on obtienne un permis. C'est le cas, entre autres, du rembourrage, de l'hôtellerie et de la restauration, de l'utilisation de produits dangereux pour l'environnement et de l'exploitation des ressources naturelles.

Effectuez des vérifications auprès de votre municipalité, du ministère ou de l'organisme gouvernemental qui s'occupe du secteur d'activité dans lequel évoluera votre entreprise, ou encore auprès de votre corporation professionnelle, le cas échéant, afin d'être au fait des lois et règlements à respecter ou des permis à obtenir avant de démarrer votre entreprise. Avec les questions légales, on n'est jamais assez prudent.

Il serait malheureux que votre projet ne puisse être réalisé dans les conditions que vous aviez envisagées à cause d'une petite clause dans un règlement ou d'une loi. Il vaut mieux vérifier partout et s'assurer d'avoir tous les permis nécessaires avant d'ouvrir les portes de l'entreprise.

Encore une fois, avant d'entreprendre quelque recherche que ce soit, évaluez vos besoins en information. Afin de définir ceux-ci en ce qui a trait à l'étude de faisabilité, référez-vous à l'avant-propos de ce volume, où nous vous suggérons une méthode de travail pour la réalisation de votre plan d'affaires.

1.4 L'ÉTUDE DE RENTABILITÉ

L'étude de rentabilité permet de déterminer si votre projet sera rentable et payant, c'est-à-dire si l'entreprise que vous projetez de créer fera suffisamment de ventes, et surtout de profits, pour assurer son autonomie financière et payer ses propres dettes.

Pour réaliser cette étude, vous avez besoin des renseignements recueillis dans l'étude de marché et dans l'étude de faisabilité. Vous avez aussi besoin de renseignements concernant les frais d'exploitation de votre entreprise, tels que ceux se rapportant au loyer, aux assurances, aux permis, aux dépenses en papeterie et en fournitures de bureau, et bien d'autres encore. Enfin, un comptable ou un fiscaliste peuvent vous fournir toute l'information spécifique, comme les taux d'impôts ou d'amortissement pour les biens durables de votre entreprise.

Dans chacune des sections du plan d'affaires, certaines de ces dépenses seront identifiées comme telles, alors que d'autres n'apparaîtront que dans la section portant sur le plan de gestion des ressources financières. C'est dans ce chapitre que vous trouverez l'information requise pour élaborer votre étude de rentabilité.

Après avoir fait le prototype de votre produit ou la simulation de prestation de votre service, vous serez en mesure d'en déterminer le coût. Dans le cas d'un commerce de détail, après avoir identifié vos fournisseurs de biens à revendre, vous pourrez déterminer le coût d'achat de ces biens. Votre étude de marché vous ayant permis de déterminer le prix de vente de votre produit ou de votre service, vous serez alors à même de calculer votre marge bénéficiaire brute.

La marge bénéficiaire brute est le montant d'argent qu'il vous reste du prix de vente, une fois que vous avez déduit le coût de votre produit ou de votre service. Ce coût du produit ou du service est variable, puisque vous ne le payez que si vous êtes en production ou si vous faites des ventes.

Ce montant d'argent (marge bénéficiaire brute) doit ensuite vous permettre de payer toutes les dépenses reliées à votre entreprise, que celle-ci fasse des ventes ou non ; c'est ce que l'on nomme les frais fixes. Ces frais fixes sont notamment le loyer, les assurances, les frais de base de téléphone, les salaires des employés associés à la gestion, les permis d'exploitation, les dépenses associées à la location d'équipement, les versements sur emprunt et toutes autres dépenses du même type.

Cet exercice vous permet de déterminer à quel moment votre entreprise ne fera ni profit ni perte, compte tenu de la marge bénéficiaire brute et des frais fixes de votre entreprise. Ce calcul se nomme le « seuil de rentabilité » ou encore le « point mort ».

D'autres calculs devront être faits afin d'évaluer la rentabilité de votre entreprise. Nous en rediscuterons plus loin. Nous pouvons cependant vous suggérer les ouvrages de référence suivants :

> MARTEL, Louise et Jean-Guy ROUSSEAU. *Le gestionnaire et les états financiers*, 2ᵉ *édition*, Les Éditions du Renouveau pédagogique, collection Mercure sciences comptables, Saint-Laurent, 1993.
>
> FORTIN, Régis. *Comment gérer son fonds de roulement : pour maximiser sa rentabilité*, Les Éditions Transcontinental inc. et Fondation de l'Entrepreneurship, collection Entreprendre, Montréal et Charlesbourg, 1995.

Encore une fois, avant d'entreprendre quelque recherche que ce soit, évaluez bien vos besoins en information. Afin de définir ceux-ci en ce qui a trait à l'étude de rentabilité, référez-vous à l'avant-propos de ce volume où nous vous suggérons une méthode de travail pour la réalisation de votre plan d'affaires. Référez-vous aussi au chapitre portant sur le plan de gestion des ressources financières.

Enfin, il est essentiel que vous fassiez les études de marché, de faisabilité et de rentabilité avant de commencer la rédaction de votre plan d'affaires. De cette façon, vous serez assuré d'avoir en main tous les renseignements nécessaires.

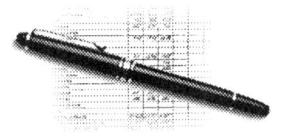

CHAPITRE 2

La description de l'organisation et de l'occasion d'affaires

En quoi votre projet d'entreprise consistera-t-il ?

L'objectif de cette section du plan d'affaires est de vous situer par rapport à votre occasion d'affaires, à votre secteur d'activité et à l'environnement dans lequel votre entreprise évoluera. Dans ce chapitre, vous verrez donc comment organiser l'information concernant l'entreprise que vous projetez de créer. Vous débuterez par la description de l'entreprise comme telle, de même que de sa forme juridique. Ensuite, vous devrez définir et analyser le secteur d'activité économique dans lequel elle œuvrera. Enfin, vous aurez à évaluer les contraintes et les occasions que recèlent l'environnement politique et légal, économique, social et culturel, technologique et écologique, et ce, par rapport au secteur d'activité de votre entreprise. En fait, cette partie vous permet de comprendre sur quel terrain vous allez jouer et de connaître les grandes règles du jeu.

2.1 LA DESCRIPTION DE L'ORGANISATION

Cette section du plan d'affaires présente la raison sociale et l'adresse de l'entreprise. Elle présente aussi la forme juridique que l'entrepreneur aura choisie, de même que le cheminement qui a été réalisé au moment où le plan d'affaires est présenté.

2.1.1 La raison sociale

La raison sociale de l'entreprise est le nom sous lequel elle sera exploitée. Ce nom pourra être tout simplement le vôtre si vous êtes travailleur autonome et que vous désirez mettre de l'avant votre nom personnel. Ce sera par exemple *Jean Lebrun, consultant en diététique* ou *Aline Chassé, psychologue*.

Votre raison sociale pourra aussi décrire ce que fait votre entreprise. Elle se lira par exemple *Les distributions alimentaires du nord* ou *Restaurant chez Paula*.

Si vous choisissez un nom d'entreprise autre que votre nom personnel, vous devrez immatriculer[3] ce nom auprès du Bureau d'immatriculation des entreprises. Ces bureaux se retrouvent dans tous les palais de justice du Québec, et vous pouvez immatriculer votre entreprise dans n'importe lequel d'entre eux. L'immatriculation de la raison sociale a pour but de rendre publics l'identité des propriétaires d'une entreprise et le nom de celle-ci. Elle est renouvelable chaque année, au coût de 30 $ pour les entreprises individuelles et de 40 $ pour les sociétés en nom collectif. Prenez note que le formulaire d'immatriculation est différent selon qu'il s'agit d'une entreprise individuelle ou d'une société en nom collectif.

Le choix de la raison sociale de votre entreprise fait partie du marketing, puisque c'est la première avenue par laquelle vos clients potentiels seront sollicités ou pressentis. Quoi qu'il en soit, elle devra bien représenter ce que vous faites ou qui vous êtes, afin que les clients sachent à quoi s'attendre.

---

3. Anciennement *enregistrer*.

En ce qui a trait à l'adresse de l'entreprise, si l'emplacement de celle-ci est déjà choisi, vous devez en indiquer l'adresse exacte. Dans le cas contraire, vous pouvez donner votre propre adresse, en indiquant que celle-ci est la vôtre et que cette situation est temporaire. Il est aussi possible que vous ayez choisi d'exploiter votre entreprise à partir de votre domicile : l'adresse de l'entreprise et la vôtre seront alors la même.

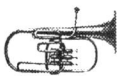 *Indiquez la raison sociale et l'adresse actuelle ou projetée de votre entreprise.*

2.1.2 La forme juridique de votre entreprise

Au Québec, les promoteurs de projets ont le choix entre plusieurs formes juridiques, dont les suivantes :

- l'entreprise individuelle (une personne seule) ;
- la société en nom collectif (deux personnes ou plus) ;
- la société en participation (au moins deux personnes ou entreprises) ;
- l'incorporation (personne seule ou deux actionnaires et plus) ;
- la coopérative (douze personnes ou plus) ;
- la société sans but lucratif (organismes communautaires ou sociaux).

En résumé, l'**entreprise individuelle** concerne le travailleur autonome ou le professionnel en pratique privée qui gère seul son entreprise. Le travailleur autonome et son entreprise individuelle sont alors, aux yeux de la loi, vus comme une seule et même personne. Le travailleur autonome ou le professionnel est responsable des dettes et des actions de son entreprise. Les revenus de celle-ci sont ajoutés à la déclaration de revenus du propriétaire, au même titre que les pertes sont assumées par ce dernier.

La **société en nom collectif** est une forme juridique qui peut être employée lorsqu'il y a deux propriétaires ou plus. Tout comme pour l'entreprise individuelle, les propriétaires de la société en nom collectif et l'entreprise sont, aux yeux de la loi, vus comme une seule et même entité. Les revenus de celle-ci sont partagés entre les associés, selon leur entente, et les pertes sont assumées de la même façon. Les associés sont conjointement et solidairement responsables des dettes et des actions de leur entreprise, c'est-à-dire que si l'un des associés ne peut faire face à ses obligations envers l'entreprise, l'autre ou les autres associés devront y faire face pour lui.

La **société en participation** ressemble à la société en nom collectif, à l'exception qu'elle ne couvre que certaines activités de l'entreprise ou du regroupement. Ainsi, des entreprises, des travailleurs autonomes ou des professionnels en pratique privée pourraient se regrouper en société en participation afin de partager, par exemple, des locaux, des services de secrétariat ou la location d'un photocopieur. À ce moment, les surplus ou les dettes de la société en participation ne concerneraient que les éléments pour lesquels elle a été formée, par exemple le salaire de la personne affectée au secrétariat.

L'**incorporation** est une forme juridique qui peut être privilégiée par une personne seule ou encore par un groupe de personnes. Le choix de cette forme juridique a pour effet de créer une « personne morale » qui, aux yeux de la loi, possède les mêmes droits et devoirs qu'une « personne physique ». L'entreprise incorporée et ses actionnaires sont donc des entités légales distinctes. L'entreprise paie ses propres impôts et assume ses pertes. Les actionnaires se partagent les profits et ne sont responsables que de l'argent qu'ils y ont investi.

Pour ce qui est des **coopératives**, il en existe plusieurs formes, dont la coopérative de travailleurs et la coopérative d'utilisateurs. Dans ces deux cas, comme les démarches légales sont assez complexes, nous vous suggérons de communiquer avec la coopérative de développement de votre région, qui pourra vous accompagner dans vos démarches légales. Pour en savoir plus, vérifiez auprès de Communication-Québec ou auprès du ministère de l'Industrie, du Commerce, de la

Science et de la Technologie du Québec (MICST), lequel est responsable de la forme coopérative au Québec.

Enfin, la **société sans but lucratif** est la forme juridique la plus employée par les organisations communautaires et sociales. Il s'agit d'une forme d'incorporation au sein de laquelle les fondateurs et les membres du conseil d'administration ne sont responsables que de leurs investissements personnels dans l'organisation. À ce jour, la société sans but lucratif ne paie pas d'impôts. Si elle fait des surplus ou des profits, ceux-ci sont réinvestis dans l'organisation et ne peuvent être partagés entre les membres.

Prenez note que certains professionnels n'ont pas le droit de s'incorporer pour exercer leur profession. C'est le cas des médecins, des ingénieurs, des infirmiers, des psychologues, des architectes et des comptables. Ils ont cependant le droit de le faire pour des fins autres que leur pratique professionnelle. Dans le doute, vérifiez auprès de votre corporation professionnelle. En outre, nous vous suggérons fortement de consulter un professionnel des questions légales avant de faire votre choix ou de remplir quelque *paperasse* que ce soit.

Pour en savoir davantage sur les différentes formes juridiques, nous vous suggérons de consulter les ouvrages suivants :

GOUVERNEMENT DU QUÉBEC. *Les principales formes juridiques de l'entreprise au Québec, 2e édition revue et corrigée*, Les Publications du Québec, Québec, 1994.

SOLIS, Michel A. (avec la collaboration de Michelle Gagné). *Votre PME et le droit : inc. ou enr., raison sociale, marque de commerce... et le nouveau Code civil, 2e édition*, Les Éditions Transcontinental inc. et Fondation de l'Entrepreneurship, collection Entreprendre, Montréal et Charlesbourg, 1994.

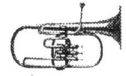
Indiquez la forme juridique de l'entreprise et les raisons de votre choix.

2.1.3 Le cheminement réalisé

Cette section du plan d'affaires indique au lecteur les étapes que vous avez réalisées à ce jour pour mettre sur pied votre projet. Cette description très sommaire permettra au lecteur de votre plan d'affaires de se situer par rapport au degré de détails de ce qu'il y lira par la suite. Ainsi, si vous êtes à la recherche d'un partenaire ou si vous n'avez pas encore fait votre étude de marché directement auprès de la clientèle cible (données primaires), mais que vous l'avez faite à l'aide de données secondaires, il faut l'indiquer. Le lecteur comprendra ainsi que la suite du document portera uniquement sur des renseignements tirés des données secondaires (articles ou écrits divers) et que l'étude de marché est à faire.

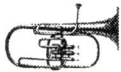 *Décrivez sommairement le cheminement réalisé à ce jour.*

2.2 L'ÉNONCÉ DE LA MISSION DE L'ENTREPRISE ET LA DESCRIPTION DE L'OCCASION D'AFFAIRES

La mission de l'entreprise constitue sa raison d'être. Elle présente les produits et les services que l'entreprise veut offrir, le type de clientèle et le territoire qu'elle veut desservir dans une perspective à long terme. Elle mentionne également les technologies qui seront utilisées, de même que les valeurs qui seront véhiculées dans l'entreprise.

La mission d'une entreprise, c'est le résumé, en une phrase ou deux, de son occasion d'affaires et des façons dont elle entend en tirer parti. Elle repose principalement sur votre vision de l'avenir, tant pour votre entreprise que pour vous. Une vision, c'est tout simplement une image mentale de ce que vous souhaitez dans l'avenir. Que voulez-vous accomplir? Que voulez-vous faire dans 5, 10 ou 20 ans?

Pour en savoir plus long sur la vision de l'entrepreneur, nous vous proposons la lecture de *Vision et relations: clefs du succès de l'entrepreneur*, écrit par Louis-Jacques Filion et publié aux Éditions de l'entrepreneur en 1991.

La mission de l'entreprise permettra aux clients de savoir immédiatement à quoi s'attendre lorsqu'ils feront des affaires avec vous; elle permettra à vos employés de bien comprendre leur rôle au sein de l'entreprise; enfin, elle permettra aux investisseurs et aux créanciers éventuels de bien cerner le potentiel de votre entreprise, de votre occasion d'affaires, afin d'y investir avec confiance. Tout votre plan d'affaires, de même que l'avenir de votre entreprise, repose sur la mission de celle-ci. Pour la formuler, vous devrez mentionner les produits ou les services que vous voulez offrir, le marché (clientèle et territoire) que vous visez et la technologie utilisée, de même que vos attentes par rapport aux valeurs que vous comptez privilégier dans votre entreprise. Voici un énoncé pertinent de mission d'entreprise:

Être la première entreprise dans le domaine de la conception et de la vente de systèmes informatisés de gestion pour les PME de la région de l'Estrie, en assurant à nos clients une qualité totale dans le service et un professionnalisme certain dans toutes nos relations d'affaires, tout en demeurant à la fine pointe de la technologie informatique.

Cette mission indique bien la vision (être le premier), le produit ou le service (systèmes informatisés de gestion), les valeurs (qualité et professionnalisme), le marché (PME de la région de l'Estrie) et la technologie (conception et vente). À la limite, les fournisseurs et les créanciers se reconnaîtront dans cette mission, puisque toutes les relations d'affaires de l'entreprise se feront de façon professionnelle.

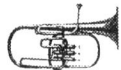 *Formulez la mission de votre entreprise.*

L'occasion d'affaires, quant à elle, représente l'objet spécifique de la préparation de votre plan d'affaires quant au produit ou au service que vous comptez offrir dans l'immédiat.

La description de l'occasion d'affaires permet au lecteur de votre plan de se faire une première idée de ce que sera le projet, soit l'objet du plan d'affaires. Pour formuler les aspects suivants, vous aurez besoin de l'information contenue dans vos études de marché, de faisabilité et de rentabilité. Souvent, cette partie du plan d'affaires est rédigée en dernier, même si elle est présentée en premier. Vous constaterez en effet que ces aspects résument de façon assez complète l'ensemble du plan d'affaires.

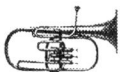
Nommez les produits et les services que vous comptez offrir et la façon dont vous comptez les fabriquer, les vendre ou les rendre. Bref, décrivez de façon sommaire l'occasion d'affaires convoitée, puisque tous ces sujets seront repris plus en détail dans les autres sections de votre plan d'affaires.

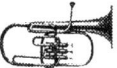
Déterminez, pour chaque produit ou service, les propriétés intellectuelles qui pourraient s'appliquer ou pour lesquelles vous avez entrepris des démarches. Rappelez-vous que si vous avez des questions à ce sujet, vous pouvez communiquer avec l'Office de la propriété intellectuelle du Canada ou avec l'un des organismes de référence dont vous trouverez les coordonnées à la fin de ce volume.

Précisez, pour chaque produit ou service, le marché visé (les clients potentiels) et le territoire desservi. Cependant, soyez bref, puisque vous traiterez des détails de ce sujet dans votre analyse du marché.

2.3 QUELS SONT VOS OBJECTIFS ?

Formuler des objectifs pour votre entreprise, qu'elle soit nouvelle ou existante, est primordial à une saine gestion et à la réalisation de votre mission. Les objectifs constituent des résultats à atteindre. La comparaison entre vos objectifs et les résultats obtenus vous permettra de vérifier si vos décisions étaient bonnes et de réajuster votre tir pour l'avenir. En gestion, c'est ce que l'on nomme le contrôle.

Enfin, lorsque des objectifs réalistes sont formulés pour l'entreprise, on peut les utiliser comme outils de motivation. Vous saurez précisément, comme vos employés, quels sont les résultats à atteindre, où l'entreprise veut aller. Quand on sait où on va, il est plus facile de s'y rendre.

Il existe essentiellement trois types d'objectifs :
- les objectifs à long terme ;
- les objectifs à moyen terme ;
- les objectifs à court terme.

Les objectifs à long terme sont souvent des objectifs plus globaux, qui sont ensuite décomposés en plusieurs autres objectifs à moyen terme et à court terme. Par exemple, un objectif à long terme pour votre entreprise pourrait être de vous approprier 10 % du marché d'ici 5 ans. Afin d'atteindre cet objectif à long terme, vous fixeriez des objectifs à moyen terme, tels que : atteindre 5 % du marché après 2 ans et ensuite, augmenter la part de marché de 1,5 % toutes les années, jusqu'à concurrence de 10 % au bout de 5 ans. Enfin, vos objectifs à court terme pourraient être de vendre pour 500 $ par semaine, 2 000 $ par mois ou 24 000 $ par année, pour atteindre votre objectif global de 10 % du marché d'ici 5 ans.

Ces objectifs globaux portent minimalement sur le chiffre d'affaires, la part de marché et la rentabilité de l'entreprise. On décomposera ces objectifs globaux en formulant des objectifs pour chacune des fonctions de l'entreprise. La production, la mise en marché, les ressources humaines et la gestion financière de votre entreprise exigent que l'on détermine des objectifs à atteindre. Il va sans dire que les objectifs de chacune de ces fonctions devront être cohérents. Si vous demandez à la production de produire une quantité X par mois, vous devez demander au Service des ventes de vendre cette même quantité. Si vous demandez à la gestion financière de couper dans les dépenses, ne demandez pas à la publicité d'investir dans des campagnes très dispendieuses ni aux ressources humaines d'embaucher à tout vent.

Vos objectifs doivent être spécifiques, mesurables dans le temps, réalistes et réalisables, utiles et motivants. La spécificité d'un objectif vient de ce qu'il traite d'un seul sujet à la fois. Les ventes, le profit, la part de marché, le nombre d'employés ou la qualité du produit seraient autant d'exemples pertinents.

Afin de pouvoir évaluer s'il est atteint, l'objectif doit être mesurable dans le temps. Vous pourriez par exemple décider d'atteindre 10 000 $ de ventes au cours des 6 premiers mois de l'entreprise. L'atteinte d'un tel objectif pourra être évaluée positivement si, après 6 mois, vous avez atteint 10 000 $ de ventes.

Un objectif doit aussi être réaliste et réalisable compte tenu du secteur d'activité dans lequel évoluera votre entreprise, du contexte économique qui prévaut ainsi que des capacités internes de l'entreprise. Bref, il doit être possible d'atteindre l'objectif avec les ressources disponibles, que vous avez déterminées dans l'étude de faisabilité, et dans l'environnement où évoluera votre entreprise, ce que nous verrons dans la prochaine section.

Enfin, l'objectif doit représenter un défi motivant et avoir une utilité certaine pour l'entreprise. Si vous ou vos employés ne voyez pas l'utilité de l'objectif, il sera beaucoup moins motivant de travailler à son atteinte. Si le défi n'est pas assez grand ou encore trop grand, il ne sera pas non plus motivant de le relever.

Formulez vos objectifs globaux en déterminant le chiffre d'affaires et les parts de marché à atteindre, de même que les marges de profit visées. Il s'agit d'indiquer, après avoir fait l'étude de marché et l'analyse de la concurrence, la part, en argent ou en pourcentage, du marché que vous voulez atteindre. Vous devez aussi indiquer le pourcentage de profit que vous voulez conserver après avoir payé toutes les dépenses de votre entreprise. La réalisation d'une étude de rentabilité ainsi que d'une étude de marché vous apportera toute cette information.

Prenez note que les objectifs spécifiques pour chacune des fonctions de votre entreprise (opérations, ressources humaines, mise en marché et finances) seront formulés dans les prochaines sections de votre plan d'affaires.

2.4 L'ANALYSE DU SECTEUR D'ACTIVITÉ ET DE L'ENVIRONNEMENT GÉNÉRAL

Les organisations n'œuvrent pas seules, en vase clos. Elles œuvrent dans un secteur d'activité (industrie) dans lequel on retrouve d'autres organisations concurrentes qui se bousculent l'une et l'autre pour conquérir et conserver des parts de marché, de façon à assurer leur survie. Toutes ces organisations font également partie d'un environnement plus grand qui les influence. Il est important pour un entrepreneur de connaître les règles du jeu dans son secteur d'activité et de comprendre quels sont les facteurs qui le dynamisent et de quelle façon ils le font. Dans l'analyse de tous ces facteurs, on se préoccupe non seulement des conditions présentes, mais aussi de leur évolution future pour faire ressortir, à la fin, les occasions et les menaces que l'on prévoit.

Si vous connaissez bien le secteur d'activité dans lequel prendra place votre entreprise, cette section du plan d'affaires ne vous posera pas trop de problèmes. En effet, si vous y avez travaillé, vous en connaissez assez bien les acteurs et les règles du jeu. Dans le cas contraire, nous vous suggérons fortement de faire des lectures sur le sujet ou encore de rencontrer des personnes de ce secteur afin d'en apprendre le plus possible. Les ministères ou organismes gouvernementaux qui le régissent, votre corporation professionnelle, les syndicats ou les publications spécialisées peuvent vous fournir les renseignements dont vous aurez besoin pour compléter cette section.

2.4.1 Le secteur d'activité (industrie)

La première étape de l'analyse du secteur d'activité est de bien l'identifier et de le décrire dans ses grandes lignes afin de permettre au lecteur de votre plan d'affaires de bien en comprendre la suite.

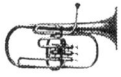 *Nommez et décrivez le secteur d'activité dans lequel vous comptez faire des affaires (alimentation, usinage de pièces, firmes de conseillers en gestion, etc.).*

Ensuite, il faut présenter un court historique de ce secteur d'activité. Il faut convaincre le lecteur que le secteur auquel vous vous intéressez présente de bonnes perspectives pour l'avenir, puisqu'il repose sur un passé favorisant le succès.

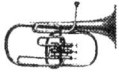 *Mentionnez quelles ont été les tendances de croissance au cours des dernières années en ce qui a trait au potentiel de marché, aux nouveaux produits, aux nouveaux clients et aux nouveaux concurrents.*

Dans certains secteurs d'activité, il est très difficile de démarrer une nouvelle entreprise. Parfois, les entreprises en place (les concurrents) tiennent tellement à demeurer seules sur le marché qu'elles instaurent ce que nous nommons des *barrières à l'entrée* bloquant les nouveaux concurrents. Par exemple, dans le secteur de la haute technologie, les entreprises en place possèdent le savoir-faire et ne tiennent pas particulièrement à le partager avec de nouvelles entreprises. Dans d'autres cas, le secteur d'activité étant composé essentiellement de grandes entreprises, il devient très difficile pour les petites d'y démarrer en raison du coût de l'équipement. Enfin, dans d'autres secteurs d'activité, les lois et les règlements les régissant peuvent aussi présenter de grands défis pour la nouvelle entreprise. C'est le cas du secteur de la construction, où de nombreux permis sont nécessaires avant de s'y lancer; c'est aussi le cas des psychologues, qui doivent détenir une maîtrise afin de pouvoir exercer leur profession comme travailleurs autonomes et poser des diagnostics.

Il est très important que vous connaissiez ces barrières ou empêchements possibles à l'entrée dans le secteur d'activité qui vous intéresse. Afin d'obtenir l'information nécessaire pour répondre aux prochaines questions, nous vous suggérons des lectures dans les revues spécialisées et des rencontres avec les principaux intervenants du secteur (organismes, ministères et fournisseurs de biens ou d'équipement, par exemple).

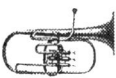 *Votre secteur d'activité comporte-t-il des barrières à l'entrée, comme d'importants capitaux nécessaires au démarrage, des réglementations coûteuses à respecter, des produits breveté par d'autres, ou des types de savoir-faire qui ne sont pas disponibles, des économies d'échelle importantes lors d'une production à grand volume ou d'autres facteurs ?*

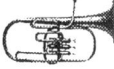 *Faites brièvement état des fournisseurs dans ce secteur d'activité, de même que de la facilité ou de la difficulté d'approvisionnement pour les matières premières nécessaires à la fabrication de votre produit.*

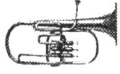 *Faites état de la disponibilité de la main-d'œuvre et des politiques de sous-traitance dans le secteur d'activité. La main-d'œuvre compétente nécessaire à l'exploitation d'une telle entreprise est-elle disponible ? Quel en est le coût ? Y a-t-il des contraintes au recrutement de cette main-d'œuvre (formation, éloignement ou autres) ? Les autres entreprises de ce secteur d'activité font-elles plutôt appel à des sous-traitants ? Dans l'affirmative, ces sous-traitants peuvent-ils travailler pour vous aussi ?*

Vous devez conclure cette section en discutant de l'avenir du secteur d'activité. Le lecteur et vous-même voudrez savoir si le secteur présente des perspectives d'avenir intéressantes. S'il s'agit d'un secteur d'activité à croissance rapide (l'informatique, par exemple), il faudra préciser dans les autres sections du plan d'affaires, notamment dans le plan de développement (chapitre 10), les moyens grâce auxquels vous comptez demeurer à la fine pointe. D'un autre côté, s'il s'agit d'un secteur d'activité relativement stable (le vêtement, par exemple), il faudra alors indiquer la façon dont vous vous démarquerez et assurerez la croissance de votre entreprise dans un secteur qui est stagnant.

Enfin, s'il s'agit d'un secteur en perte de vitesse, vous indiquez la façon dont vous vous y prendrez pour ne pas subir le même sort que les autres entreprises. Prenons l'exemple du secteur de la cordonnerie. Ces dernières années, les cordonniers ont dû faire de petits miracles afin de rester en affaires. Ceux qui ont agi et ajouté de nouveaux services (achat et vente de produits d'occasion tels que des patins ou des chaussures sur mesure) sont demeurés en affaires. D'autres n'ont rien fait et ont dû fermer leur entreprise.

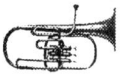
Quelles tendances de croissance prévoyez-vous au cours des cinq prochaines années ? Ce secteur d'activité bouge-t-il rapidement ? Est-il en expansion, stable ou en régression ?

2.4.2 L'environnement général

Connu sous l'acronyme de PESTE, l'environnement Politique et légal, Économique, Social et culturel, Technologique et Écologique influencera positivement ou négativement (occasions ou menaces) votre entreprise et le secteur d'activité dans lequel elle prendra place. Dans l'analyse qui suit, vous devrez faire ressortir ces deux éléments, soit les aspects qui représentent des menaces pour votre secteur d'activité ou votre entreprise et les aspects qui représentent des occasions. Vous devez aussi expliquer, dans votre analyse, de quelles façons vous comptez tirer avantage des occasions et surmonter les menaces.

Pour vous aider dans la rédaction de cette section de votre plan d'affaires, nous vous proposons la lecture du volume suivant :

> VALLERAND, Jacques P.M. et Philip L. GRENON. *Naviguer en affaires : la stratégie qui vous mènera à bon port !*, Les Éditions Transcontinental inc. et Fondation de l'Entrepreneurship, collection Entreprendre, Montréal et Charlesbourg, 1995.

2.4.2.1 L'environnement politique et légal

L'environnement politique et légal réfère aux lois et aux règlements régissant votre secteur d'activité. Certaines de ces lois ou certains de ces règlements peuvent agir en votre faveur, alors que d'autres agiront en votre défaveur. Ici, l'exemple classique est celui de l'industrie du tabac qui voit ses activités de plus en plus restreintes par les lobbies antitabac et par les gouvernements. D'un autre côté, la législation sur l'environnement peut ouvrir des portes à plusieurs entreprises, notamment dans la gestion des déchets, la récupération ou d'autres activités reliées à la protection de l'environnement.

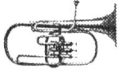 *Actuellement, quels sont les lois et les règlements qui contraignent ou favorisent votre secteur d'activité ? Voyez-vous poindre de nouvelles lois ou de nouveaux règlements ? De quelle façon affectent-ils l'entreprise proposée ?*

2.4.2.2 L'environnement économique

L'économie d'un pays ou d'un secteur d'activité est soumise à des fluctuations cycliques. Votre entreprise est-elle sensible à ces fluctuations dans la conjoncture économique (taux d'intérêt, taux de change, chômage, inflation) ? Par exemple, si vous devez importer des matières premières, le taux de change influencera grandement (à la hausse ou à la baisse) le prix de vente de vos produits. Si vous voulez vendre un bien ou un service dit de luxe, le taux d'inflation et le taux de chômage influenceront certainement vos ventes. Si vos clients doivent emprunter pour se procurer le bien que vous voulez vendre, les taux d'intérêt influenceront favorablement ou défavorablement leur décision d'achat.

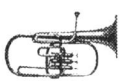 *Expliquez comment ces fluctuations économiques touchent votre secteur d'activité et, probablement, votre entreprise. Quelles sont vos prévisions concernant l'environnement économique ?*

Les marchés se mondialisent de plus en plus et les pays conviennent d'accords de libre-échange. Ces accords facilitent l'ouverture des marchés étrangers, favorisant ainsi l'exportation. En même temps, les portes sont ouvertes à une plus grande concurrence.

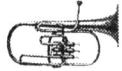 *Quels sont les impacts de ces accords de libre-échange pour votre entreprise et quelles sont vos prévisions à cet égard ?*

2.4.2.3 L'environnement social et culturel

Au cours des dernières années, nous avons assisté à des changements sociaux, culturels et démographiques importants (familles monoparentales, immigration accrue, niveau d'éducation plus élevé, familles à double revenu, accès à la propriété facilité, changement de valeurs chez les jeunes, baisse du taux de natalité, augmentation du nombre de personnes âgées, etc.). Pour une analyse plus détaillée des nouvelles tendances dans la société, nous vous suggérons le volume de Sylvie Laferté, *Comment trouver une idée d'entreprise : découvrez les bons filons, 2e édition*, publié par les Éditions Transcontinental inc. et la Fondation de l'Entrepreneurship en 1993.

Tous ces changements peuvent influencer de beaucoup la consommation de certains biens ou de certains services. Par exemple, la baisse du taux de natalité ferme certaines options aux entreprises spécialisées dans le marché des enfants ; quant à l'augmentation du nombre de personnes âgées, cette réalité démographique présente des occasions pour plusieurs types d'entreprises : voyage, logement adapté, vêtement...

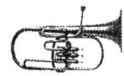 *De quelle façon ces changements touchent-ils votre entreprise ? Quels sont les changements que vous prévoyez ?*

2.4.2.4 L'environnement technologique

La technologie, dont la propriété du savoir-faire, est un élément très important de l'analyse de l'environnement. Dans certains secteurs d'activité, il s'agit souvent du facteur externe le plus important, puisqu'un manque de personnel compétent peut avoir des conséquences graves sur le rendement de l'entreprise : c'est le cas de l'informatique, de la pharmacologie, de l'aéronautique et de la fabrication des matériaux composites. Dans d'autres secteurs d'activité, tels que la traduction, les services de comptabilité ou la garde de jeunes enfants, il est de moindre importance. Il faut cependant étudier cette question, ne serait-ce que sur le plan de la disponibilité de l'outillage et de l'équipement pour exploiter votre entreprise ou par rapport aux nouvelles façons de faire ou de rendre le service que vous proposez.

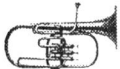
Votre secteur d'activité est-il soumis à une évolution technologique rapide ? Prévoyez-vous des changements dans le futur ? Des changements technologiques dans d'autres secteurs d'activité peuvent-ils rendre votre technologie désuète ?

2.4.2.5 L'environnement écologique

La société, les gouvernements et les clients accordent de plus en plus d'importance aux impacts écologiques de certaines activités économiques. D'ailleurs, tout bon plan d'affaires comprend maintenant une section traitant de l'écologie (chapitre 8). Dans cette section, il faut indiquer brièvement s'il existe des occasions ou des menaces reliées à l'écologie dans votre secteur d'activité. Il faut donc identifier les impacts possibles de celles-ci sur votre projet d'entreprise.

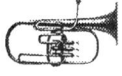
Considérant la nature de vos activités, quelles sont les occasions ou les menaces que cette situation de sensibilisation aux impacts écologiques engendre pour votre entreprise ? Que prévoyez-vous à cet égard pour le futur ?

2.4.2.6 Le sommaire des occasions et des menaces de l'environnement

Pour conclure cette partie du plan d'affaires, faites un sommaire des occasions et des menaces identifiées dans l'analyse de votre secteur d'activité et de votre environnement général.

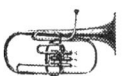
Faites le sommaire des occasions et des menaces que présente l'environnement général.

Enfin, une fois cette section rédigée, mettez en annexe tous les documents pouvant attester vos observations et influencer favorablement le lecteur de votre plan d'affaires.

Dans les prochaines pages, vous pourrez lire la première partie du plan d'affaires de la boutique Viens bouquiner. Ensuite, vous trouverez la section d'applications propres à votre projet. L'utilité et l'utilisation de cette section vous ont été expliquées en avant-propos.

Exemple de la boutique **Viens bouquiner**

2 LA DESCRIPTION DE L'ORGANISATION ET DE L'OCCASION D'AFFAIRES

Ayant travaillé comme aide-bibliothécaire pendant deux étés à la Bibliothèque municipale de Sherbrooke, j'ai développé un goût sûr pour les livres. Ma bibliothèque personnelle compte près de 500 livres. Lors de mes voyages à l'extérieur de la ville, j'aime bien aller visiter les boutiques de livres d'occasion. De plus, comme le prix des livres neufs augmente sans cesse, j'ai eu l'idée d'ouvrir une boutique d'achat et de vente de livres d'occasion. Dans les pages qui suivent, je vous expliquerai plus en détail mon projet et quels sont les moyens que je prendrai pour réaliser et rentabiliser ce projet d'entreprise.

2.1 La raison sociale, la forme juridique et l'état d'avancement du projet

J'ai choisi la raison sociale « Viens bouquiner » pour ma boutique. Ce nom donne l'idée aux gens qu'ils seront accueillis avec amabilité dans ma boutique et qu'ils pourront prendre tout leur temps pour parcourir le choix de livres qui y sera offert.

J'aimerais pouvoir trouver un local au centre-ville de Trois-Rivières, de préférence rue des Forges, l'artère principale. Les raisons de ce choix seront expliquées dans le plan de localisation.

Comme je suis seule propriétaire de l'entreprise, ma boutique prendra la forme juridique de l'entreprise individuelle. C'est la forme juridique la plus économique au démarrage de l'entreprise : je n'aurai que 30 $ à débourser pour en immatriculer la raison sociale.

Le projet est au stade préopérationnel, et je compte démarrer l'entreprise en mai prochain. D'ici là, il me faut trouver un local approprié, procéder aux améliorations locatives nécessaires, de même qu'y installer les étagères et les comptoirs. Enfin, il me faut compléter l'inventaire de départ. À ce jour, j'ai réalisé une étude de marché à l'aide de données secondaires et j'ai bien étudié le secteur d'activité dans lequel évoluera mon entreprise. Ces réflexions m'ont permis de décider de poursuivre mes démarches.

2.2 L'énoncé de la mission de l'entreprise et la description de l'occasion d'affaires

2.2.1 La mission de l'entreprise

La boutique Viens bouquiner offrira à tous les amants du livre le plus large choix de livres d'occasion de l'agglomération de Trois-Rivières. Les livres offerts seront en bonne condition et répondront à des critères stricts de qualité, le tout à des prix comparables à ceux demandés par la concurrence. Le bouquinage se déroulera dans une ambiance professionnelle, calme, classique et bien organisée.

2.2.2 L'occasion d'affaires

Les livres d'occasion qui seront achetés puis offerts dans la boutique traiteront de tous les sujets et pourront répondre à tous les goûts. La clientèle pourra y retrouver :
- des romans ;
- de la littérature classique ;
- de la poésie ;
- des traités philosophiques ou religieux ;
- des livres scientifiques, de médecine et de psychologie ;
- des volumes portant sur l'histoire, les sports, la sexualité, l'économie et l'administration ;
- des encyclopédies ;
- des bandes dessinées ;
- des dictionnaires ;
- des manuels scolaires ;
- etc.

La clientèle visée par la boutique est formée des adultes de 15 ans et plus de l'agglomération de Trois-Rivières, incluant les étudiants de passage à l'Université du Québec à Trois-Rivières (UQTR) et au Cégep de Trois-Rivières, de même que les touristes qui visitent notre belle région durant la saison estivale.

2.3 Les objectifs poursuivis

Après avoir analysé toutes les données secondaires disponibles traitant des habitudes d'achat et des clientèles cibles pour le secteur du livre, j'ai formulé, pour mon entreprise, les objectifs de parts de marché et de chiffres d'affaires suivants :

	Première année	Deuxième année	Troisième année
Part de marché en pourcentage	2 %	3 %	4 %
Chiffre d'affaires	94 800 $	142 200 $	189 600 $

Je crois réaliste, voire conservateur, de prévoir une augmentation annuelle de 1 % de la part de marché pour les trois premières années d'exploitation. Par la suite, les ventes pourront encore augmenter, mais à un rythme beaucoup moins rapide. Je prévois que mon entreprise, telle qu'elle est définie dans ce plan d'affaires, pourra, toute chose étant égale par ailleurs, atteindre et conserver 5 % de la part du marché à compter de la quatrième année d'exploitation. Ces objectifs seront atteints grâce à une stratégie de publicité bien adaptée à la clientèle cible.

2.4 L'analyse du secteur d'activité et de l'environnement général

Des tablettes de roc gravées à l'imprimerie d'aujourd'hui, en passant par la reproduction manuelle de manuscrits, le livre a été le média privilégié de transmission des idées et de la culture à toutes les époques. Malgré l'informatique et les médias électroniques, le livre devrait encore jouir d'une grande popularité auprès de la population, non seulement pour fins de détente, mais aussi pour fins d'éducation.

Dans l'analyse du secteur d'activité et de l'environnement, j'ai identifié plusieurs pistes me laissant croire que le marché du livre, sans nécessairement être en croissance, est relativement stable. Je discuterai donc essentiellement de la tendance de croissance du marché des livres d'occasion, en opposition avec la relative stabilité du marché du livre neuf.

2.4.1 Le secteur d'activité

La boutique Viens bouquiner œuvrera dans le secteur du livre, lequel comprend non seulement les librairies générales et spécialisées, mais aussi tous les autres points de vente où la clientèle peut se procurer des livres : les grands magasins, les tabagies, les kiosques à journaux, les supermarchés, les pharmacies, les clubs de livres et les commerces de livres d'occasion.

Dans la région de Trois-Rivières, il y a plusieurs acteurs majeurs dans le secteur du livre. Notons la présence de plusieurs librairies générales et spécialisées, d'un magasin Archambault (livres, revues et disques), d'un Club Price, qui offre les livres à succès à bas prix, et de quelques boutiques de livres d'occasion. Quoi qu'il en soit, et j'y reviendrai, ma stratégie de mise en marché et les particularités de ma boutique devraient me permettre de me tailler une place intéressante dans ce marché.

En outre, dans ces nombreux points de vente, le livre prend une importance différente selon qu'il est le produit principal offert ou une marchandise parmi tant d'autres. À cet égard, les librairies générales ou spécialisées demeurent l'endroit privilégié pour l'achat de livres. Selon les données recueillies dans l'étude des données secondaires, il est à noter qu'en 1989, au Québec, 64 % des acheteurs de livres mentionnent la librairie comme premier lieu d'achat. Quoiqu'il reste 36 % du marché aux autres types de points de vente, les librairies détiennent tout de même la plus grande part du marché du livre.

Le secteur du livre ne comporte aucune barrière à l'entrée ni à la sortie. Dans le domaine du livre neuf, les prix de vente et les réseaux d'approvisionnement sont très bien structurés. De la même façon, le personnel requis pour l'exploitation d'une librairie est facilement accessible, à un salaire raisonnable. Dans le secteur du livre d'occasion, la situation est légèrement différente, quoique les prix de vente doivent respecter le prix du marché. Le principal défi relève de l'approvisionnement, puisque nous sommes à la merci de la volonté des « vendeurs » potentiels de livres. Ce défi sera relevé par une politique d'achat avantageuse et par une publicité bien ciblée par rapport à cette clientèle « inverse » de vendeurs de livres.

2.4.2 L'environnement général

2.4.2.1 L'environnement politique et légal

Aucune loi ni règlement ne régissent le secteur de la vente du livre d'occasion. Dans le futur, je ne pressens aucune loi ni aucun règlement qui favoriseraient ou défavoriseraient le secteur du livre, non plus que ma boutique.

2.4.2.2 L'environnement économique

Les fluctuations économiques influencent le secteur du livre. On peut penser au chômage, alors que les gens ont plus de temps pour lire, mais ont moins d'argent à consacrer aux loisirs. On dit souvent qu'en temps de crise, les gens ont besoin d'évasion : un livre peut alors répondre à ce besoin.

Le taux de change tout comme le taux d'inflation peuvent aussi avoir une influence défavorable sur le marché du livre neuf et une influence favorable sur le marché du livre d'occasion. Comme le dollar canadien est bas, et que la majorité des livres originaux ou traduits en français proviennent de l'étranger, le prix des livres neufs va en augmentant. Le taux d'inflation augmentant la facture de tous les biens de consommation, le livre neuf pourra voir sa part du budget des ménages diminuée. Le livre d'occasion étant vendu moins cher sur le marché que le livre neuf, ces situations sont donc toutes en sa faveur.

À mon avis, les gens qui aiment et veulent lire vont en faire une priorité dans leur budget, quelle que soit la situation économique. Il n'y a aucune raison de croire que, en cette période de fin de récession et de début de croissance, nous assisterons à une baisse des ventes dans le secteur du livre, surtout dans le livre d'occasion. En ce qui concerne les prévisions économiques, il est très difficile d'en faire actuellement : même les plus grands économistes ont de la difficulté à prévoir les cycles futurs.

Enfin, en ce qui a trait aux impacts des accords de libre-échange et à la mondialisation des marchés, surtout au chapitre des communications, je crois que cette situation amènera les gens à vouloir se cultiver davantage, afin de tirer parti de la nouvelle information qui circulera un peu partout. Quoi de mieux qu'une bonne lecture pour apprendre à connaître une nouvelle culture ou une nouvelle façon de faire, ou encore pour apprivoiser de nouvelles technologies ?

2.4.2.3 L'environnement social et culturel

Les changements sociaux et culturels vont influencer le secteur du livre, quelquefois de façon favorable, parfois de façon défavorable. Par exemple, le niveau d'éducation plus élevé, les familles à double revenu, le retour aux valeurs traditionnelles et l'importance de bien maîtriser sa langue ont amené les Québécois à lire plus et, ayant plus de revenus à accorder aux loisirs, à consommer plus de biens et de services reliés aux divertissements.

Par contre, l'augmentation du nombre de familles monoparentales et de personnes vivant seules avec un faible revenu a pu influencer défavorablement l'essor de l'industrie du livre. Bien souvent, dans ce type de ménages, les dépenses en loisirs, donc en livres, viennent à la dernière position dans les priorités d'achats. D'un autre côté, le rythme effréné de vie que doivent soutenir ces personnes peut devenir une occasion pour la vente de livres d'occasion, le besoin de se divertir à coût abordable étant présent autant dans ces familles que dans la population en général.

De même, le changement de valeurs chez les jeunes, lesquels sont très centrés sur l'électronique et l'informatique, a pu influencer le marché du livre, les jeunes préférant la télévision et leur micro-ordinateur à la lecture. Il y aura cependant de bonnes occasions à faire grâce à la vente de livres informatiques d'occasion.

Malgré ces remarques, je pense que ceux qui aiment lire vont continuer de le faire. S'ils ont plus d'argent à accorder aux livres, ils achèteront davantage. D'un autre côté, pour ceux qui sont moins fortunés, l'achat de livres d'occasion pourra leur permettre de continuer à satisfaire leur soif de lecture, tout en respectant leur budget plus restreint.

Pour les années à venir, on peut prévoir que les gens travailleront de plus en plus pour sauvegarder leur emploi. De cette manière, ils auront besoin de détente le soir venu, et les livres peuvent leur procurer cette détente. Le livre permet aussi de se divertir à la maison, diminuant de ce fait les dépenses associées aux sorties.

Enfin, le phénomène actuel de la baisse du taux de natalité pourra être bénéfique pour le secteur du livre dans les prochaines années. En effet, comme il y a moins d'enfants, les parents ont certainement plus de temps et d'argent à consacrer à la lecture. De plus, cette habitude pourra se transmettre aux enfants qui, dans 15 ou 20 ans, deviendront des clients potentiels pour les librairies et les boutiques comme la mienne.

2.4.2.4 L'environnement technologique

Le livre risque-t-il de se voir remplacer par un produit plus évolué technologiquement ? Je ne le crois pas, et ce, malgré l'arrivée récente du cédérom (que certains appellent le livre du troisième type).

Étant en mesure d'emmagasiner jusqu'à 350 000 pages de texte à lui seul, le cédérom est présentement utilisé pour le stockage de l'information. Cependant, deux autres utilisations sont en plein développement : les ouvrages de référence et les livres pour enfants.

Certaines analyses prédisent que, au tournant du siècle, près de la moitié du marché de l'édition sera constitué de produits électroniques. Par contre, ce type de document doit être consulté, du moins aujourd'hui, assis à une table de travail. Cela constitue un net désavantage comparativement au livre traditionnel, que l'on peut lire au lit, dans son fauteuil préféré, dans la salle d'attente de son médecin ou dans l'autobus. À mon avis, les livres ne risquent donc pas d'être éliminés dans un avenir rapproché.

2.4.2.5 L'environnement écologique

L'exploitation d'une librairie de livres d'occasion a un grand impact sur l'écologie. En fait, l'achat de livres d'occasion permet une réutilisation d'un bien fabriqué à partir d'une ressource naturelle. Comme le livre est fait de papier, si nous réutilisons les livres par la voie de la vente et de l'échange, nous aurons moins d'arbres à couper. Par contre, la menace d'autres augmentations majeures du coût du papier reste alarmante en ce qui concerne le secteur du livre neuf.

2.4.3 Le sommaire des occasions et des menaces de l'environnement

En somme, pour une boutique de livres d'occasion, les occasions relevées dans l'analyse de l'environnement sont liées au retour à des valeurs plus traditionnelles, au besoin de détente ressenti par tous et chacun, à la valorisation des études et de la mise à jour des connaissances, à l'augmentation du revenu de certains types de ménages, à la reprise économique actuelle et au concept de réutilisation qui est proposé.

Par contre, l'augmentation du nombre de personnes vivant seules et des familles monoparentales, la présence d'acteurs majeurs comme Archambault, la valorisation de l'électronique chez les jeunes, la faiblesse de la devise canadienne et une éventuelle augmentation du coût du papier peuvent nuire à l'industrie du livre. Ces éléments pourraient cependant jouer à l'avantage d'une boutique spécialisée dans la vente et l'achat de livres d'occasion.

Les applications propres à mon projet

Éléments de contenu du plan d'affaires	Cet élément s'applique-t-il à mon projet ?	Date d'échéance pour cette étape	Sources d'information à utiliser
Raison sociale et adresse de l'entreprise			
Forme juridique et raison du choix			
Cheminement réalisé à ce jour			
Mission de l'entreprise			
Description du produit ou du service			
Processus de fabrication ou de prestation			
Propriétés intellectuelles			
Marché visé			
Territoire desservi			
Objectifs visés			
Secteur d'activité			
Historique du secteur d'activité			
Tendances de croissance dans le secteur d'activité			
Barrières à l'entrée ou à la sortie			
Approvisionnement et fournisseurs			
Disponibilité de la main-d'œuvre			
Politiques de sous-traitance			
Avenir du secteur d'activité			
Environnement politique et légal actuel et à venir			
Environnement économique actuel et à venir			
Environnement social et culturel actuel et à venir			
Environnement technologique actuel et à venir			
Environnement écologique actuel et à venir			
Sommaire des occasions et des menaces de l'environnement			

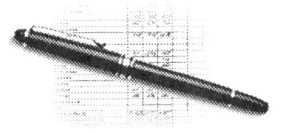

CHAPITRE 3

L'équipe entrepreneuriale

Qui mènera à bien votre projet d'entreprise ?

L'objectif de cette section du plan d'affaires est de vous rassurer et de convaincre votre lecteur que vous ou votre équipe êtes en mesure de bien réaliser votre projet. Le premier intéressé dans le processus est évidemment vous, puisque vous devez évaluer si, seul, vous possédez les compétences et les ressources nécessaires pour mener à bien votre projet. Pour vous en assurer, nous vous proposons une démarche qui devrait vous permettre de mieux réfléchir sur vos capacités en vue de la réalisation de votre projet et de déterminer si vous avez besoin de vous allier à des partenaires.

3.1 LES COMPÉTENCES REQUISES PAR RAPPORT À VOTRE OCCASION D'AFFAIRES

La première étape consiste à identifier les exigences du projet à réaliser, à déterminer vos buts et vos objectifs, puis à déterminer les tâches et les actions à entreprendre pour réaliser le projet. Pour ce faire, déterminez d'abord quelles sont les variables critiques de succès dans le secteur d'activité considéré : produit à l'avant-garde sur la concurrence, prix compétitif, produit de qualité, grande capacité d'adaptation au changement, besoins de ressources financières importants, compétence ou spécialisation des ressources humaines, ou tout autre facteur déterminant de la performance dans ce secteur d'activité. Vous avez fait cette analyse dans la section 2.4 du chapitre 2.

Ensuite, déterminez quels sont les buts et les objectifs que vous poursuivez dans l'exploitation de votre entreprise. Vous avez déjà formulé les objectifs de l'entreprise dans la partie 2.3 du chapitre 2. Comptez-vous exploiter un marché local, régional, ou est-ce que vos ambitions portent sur des marchés nationaux ou mondiaux ? Comptez-vous être un précurseur dans vos marchés ? Sur quelle base comptez-vous vous démarquer ? Que cherchez-vous à obtenir du point de vue de la rentabilité ? Ici, vous devez surtout vous attarder à vos objectifs personnels qui, eux, relèvent davantage de votre vision de l'avenir. À titre d'exemple, cherchez-vous seulement à vous créer un emploi ou, au contraire, cherchez-vous à créer une entreprise qui va croître et atteindre une grande taille ?

Enfin, identifiez les tâches et les actions à entreprendre pour mener à bien votre projet. S'agit-il :
- de tâches techniques pour terminer le développement du produit ou du service ou pour en développer de nouveaux ?
- de tâches plus orientées vers le développement des marchés ?
- de tâches managériales de planification et de contrôle ?
- de tâches managériales impliquant des habiletés interpersonnelles, des habiletés à motiver et à bien diriger le personnel, à communiquer ?

Bref, quelles sont les habiletés requises du personnel pour l'exploitation de l'entreprise ? Plus vous avancerez dans la rédaction de votre plan d'affaires, plus les particularités de ces actions et de ces tâches seront évidentes pour vous.

La deuxième étape du processus consiste à évaluer comment vous pouvez, comme individu, satisfaire aux exigences imposées par la poursuite de l'occasion d'affaires. Pour ce faire, vous devrez évaluer vos habiletés, vos forces et vos faiblesses. Vous devrez d'abord faire l'évaluation de vos motivations et de vos caractéristiques entrepreneuriales, de votre propension à courir des risques modérés, de votre besoin d'indépendance et d'autonomie, de votre confiance en vos habiletés, d'une certaine tolérance face à l'ambiguïté, de votre persévérance, etc.

Il faudra également évaluer l'état de vos habiletés techniques, de même que de vos habiletés de gestion. Interrogez-vous sur vos habiletés en tant que stratège, c'est-à-dire sur votre capacité de développer votre propre vision de l'entreprise et de développer les moyens pour atteindre vos objectifs. Vous avez aussi à évaluer vos habiletés interpersonnelles et de communication, vos habiletés en marketing, en comptabilité et en finance, en gestion des ressources humaines, matérielles et informationnelles.

Pour en savoir plus sur les caractéristiques des entrepreneurs, nous vous conseillons la lecture du volume d'Yvon Gasse et Aline D'Amours, intitulé *Profession entrepreneur: avez-vous le profil de l'emploi?*, publié par Les Éditions Transcontinental inc. et la Fondation de l'Entrepreneurship en 1993. De même, le volume *Autodiagnostic*, de Pierre Levasseur, Corinne Bruley et Jean Picard, publié par les mêmes éditeurs en 1991, pourra vous aider à faire le tour des habiletés de gestion nécessaires à la création d'une entreprise. En ce qui concerne les habiletés techniques, votre connaissance du secteur d'activité vous permettra d'en déterminer les exigences.

Si vous décelez des écarts entre les exigences de la tâche et vos propres habiletés, il faudra élaborer des stratégies pour les combler. Peuvent-ils être comblés par une formation personnelle? Sinon, devriez-vous les combler en ayant recours à l'embauche de conseillers, d'employés à temps partiel ou d'employés à temps plein? Peut-être vous faudra-t-il former une équipe entrepreneuriale.

 *À la suite de cette analyse, décrivez brièvement votre expérience de travail ou de bénévolat ainsi que votre scolarité. Insistez sur les éléments qui ont un rapport certain avec votre projet d'entreprise et faites le lien entre les exigences de votre occasion d'affaires et vos compétences. Incluez votre curriculum vitæ détaillé en annexe du plan d'affaires.*

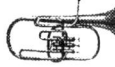 *Si vous êtes le seul promoteur de votre projet, indiquez de quelles façons vous comblerez vos faiblesses (formation, embauche, appel à des conseillers).*

3.2 LE CHOIX DES PARTENAIRES

Le choix des partenaires nécessite une évaluation aussi sérieuse que celle faite par l'entrepreneur quant à son propre potentiel : elle doit prendre en considération les exigences de la tâche et les écarts constatés au cours de l'évaluation de vos forces et faiblesses en tant qu'entrepreneur. La première chose à éviter est de s'associer avec des personnes possédant des habiletés similaires. Il faut plutôt rechercher les habiletés complémentaires. Il est également important de s'assurer que les partenaires choisis partagent les mêmes valeurs, la même éthique et les mêmes objectifs, qu'il existe une confiance mutuelle. Il est aussi très important d'entreprendre une discussion franche et ouverte avec les partenaires afin que tous s'entendent sur la vision à long terme de l'entreprise et sur la compréhension que chacun a de la mission.

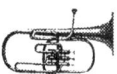 *Présentez les antécédents de chacun des membres de l'équipe entrepreneuriale, en faisant ressortir leur formation et leur expérience professionnelle. Insistez sur leurs compétences en relation avec l'occasion d'affaires. Incluez leur curriculum vitæ détaillé en annexe du plan d'affaires.*

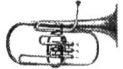 *Faites ressortir les atouts et les capacités de chacun des membres, leur complémentarité professionnelle, de même que les lacunes à combler à certains niveaux de leurs compétences. Désignez les moyens qui permettront de pallier ces manques (formation, embauche, appel à des conseillers).*

3.3 LES DROITS ET LES DEVOIRS DES ACTIONNAIRES OU DES ASSOCIÉS

Le choix des partenaires étant fait, il est important de bien s'entendre sur l'identité du leader, sur le partage de la propriété et sur les modes de rétribution. Le partage de la propriété et les modes de rétribution devraient tenir compte de la propriété de l'idée, de l'engagement financier de chacun et de sa participation dans l'entreprise, du risque encouru, des habiletés contribuant au succès de l'entreprise et des responsabilités confiées à chacun. Il est essentiel de formaliser ces ententes dans une convention entre actionnaires ou entre associés très tôt dans le processus d'association. Une telle entente couvre généralement les conditions du partenariat, de fonctionnement ainsi que les modalités de séparation. De telles conventions étant relativement techniques et pouvant avoir des conséquences importantes pour les parties, il convient de consulter un conseiller juridique.

Selon la forme juridique que vous aurez choisie pour votre entreprise, vous devez décrire les droits et devoirs des actionnaires (société par actions) ou des associés (société en nom collectif). S'il s'agit d'une coopérative, décrivez les principales règles de fonctionnement entre les coopérants.

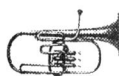

Faites une description de toute convention signée ou à signer entre les actionnaires ou les associés, faisant état des droits et des devoirs de chacun. Ajoutez en annexe une copie de cette convention ou du projet de convention.

Enfin, une fois cette section rédigée, joignez en annexe du plan d'affaires tous les documents pouvant attester vos dires et influencer favorablement le lecteur.

Exemple de la boutique **Viens bouquiner**

3 L'ÉQUIPE ENTREPRENEURIALE

3.1 L'entrepreneur ou l'équipe entrepreneuriale

Mon objectif personnel, dans ce projet, est de créer mon propre emploi afin d'assurer mon autonomie financière tout en faisant un travail qui me passionne. Mon objectif financier est de pouvoir m'assurer un salaire de 35 000 $ par année à compter de la deuxième année d'exploitation de l'entreprise. Si l'on considère le nombre d'heures exigé pour gérer et exploiter un tel commerce, je crois que cette somme n'est pas exagérée. Naturellement, pour les premières années, ma rémunération dépendra de la performance financière de mon entreprise. Ensuite, tous les surplus seront réinvestis dans l'entreprise.

Pour réaliser un tel objectif et un tel projet, il faut avoir non seulement de la détermination, mais aussi la passion des livres et aimer être en contact avec le public. Je possède cette passion des livres, de la lecture, et je suis très à l'aise avec les gens. Mon expérience de travail à la Bibliothèque municipale de Sherbrooke m'a permis de développer les habiletés techniques reliées au classement et à la réparation des livres abîmés, de développer ma connaissance des besoins et des goûts de la clientèle, de même que de mettre à l'épreuve mes aptitudes en rapport avec le service à la clientèle.

Réussir dans le domaine du livre d'occasion ne nécessite aucune compétence technique spéciale. Cependant, des compétences minimales de gestion sont essentielles au succès de toute entreprise. Je crois posséder ces compétences, mais, afin de bien m'entourer, j'ai sollicité l'aide de quelques personnes pour me soutenir dans la réalisation de mon projet.

À titre de propriétaire unique, je serai responsable de la gestion tant quotidienne que stratégique de mon entreprise. Ma formation en gestion me servira dans toutes ces tâches. Je suis cependant consciente de quelques lacunes, notamment en droit, en comptabilité et en finance. Pour combler ces petites faiblesses, je peux compter sur l'aide de mon conjoint, qui possède un baccalauréat en administration, option finance. Je peux aussi compter sur l'aide de deux amies : l'une est avocate spécialisée en droit des affaires et l'autre, une économiste, termine un baccalauréat en administration, option comptabilité.

Ni mon conjoint ni mes deux amies ne seront propriétaires de l'entreprise, mais je les considère comme faisant partie de mon équipe entrepreneuriale. Nous nous complétons très bien, malgré que nous ne possédions, ni l'un ni l'autre, d'expérience pertinente en affaires.

3.2 Le choix des partenaires

Les membres de mon équipe entrepreneuriale se complètent très bien et ont beaucoup de points en commun. Mes deux amies, Jacinthe et Louise, sont des collègues d'études. Je connais Louise depuis le primaire et nous avons réalisé en équipe plusieurs travaux scolaires, notamment à l'université. Je sais que Louise travaille plus lentement que moi, mais elle est plus minutieuse : elle considère tous les petits détails.

J'ai connu Jacinthe au collégial. Nous n'avons pas beaucoup travaillé ensemble, n'ayant pas étudié dans les mêmes domaines. Cependant, nous sommes toujours demeurées très proches. Je connais Jacinthe comme une personne attentionnée, travaillante et qui se passionne pour le droit.

Jean, mon conjoint, est un passionné de la bourse. Il est au courant de tout ce qui s'y passe. Il est toujours à l'affût du monde financier et des placements intéressants. Il lit deux quotidiens (*La Presse* et *The Globe and Mail*) et environ cinq revues hebdomadaires consacrées au domaine financier. C'est un bourreau de travail qui aime relever des défis. Enfin, il connaît bien Jacinthe et Louise.

Pour vous aider à mieux nous connaître, vous trouverez en annexe, outre mon curriculum vitæ, celui de chacun des membres de l'équipe entrepreneuriale.

3.3 Les droits et les devoirs des actionnaires ou des associés

Étant la seule propriétaire de mon entreprise, et les membres de mon équipe entrepreneuriale n'étant pas partie prenante dans le financement du projet, nous n'avons pas de convention comme telle. J'aurai recours à leurs bons conseils selon les besoins.

ANNEXE - Curriculum vitæ et bilan personnel de la propriétaire

ANNE JOUBERT
444, rue Louis-Pinard, app. 4
Trois-Rivières (Québec) G8Y 8Y8

Téléphone : (819) 699-9900

Formation

1997	Maîtrise en gestion des PME
Université du Québec à Trois-Rivières
1994	Certificat en administration des affaires
Université de Sherbrooke
1990-1993	Baccalauréat coopératif en économique
Université de Sherbrooke
1988-1990	Diplôme d'études collégiales en sciences pures
Séminaire de Sherbrooke

Stages coopératifs

Automne 1992   Revenu Canada, accises, douanes et impôts
et été 1993   Statistiques fiscales des particuliers — économiste junior

- Gestion de projet pour la production de statistiques sur la déduction pour les habitants de régions éloignées pour les années 1990 et 1991 (préparer les spécifications informatiques, corriger les données, vérifier les tableaux, distribuer le produit final) ;

- Conception et réalisation d'une brochure sommaire de statistiques fiscales (réaliser des tableaux résumés et des graphiques et faire de la mise en pages) ;

- Élaboration de procédures de vérification informatique des tableaux des statistiques fiscales au moyen de commandes « macro » avec le logiciel SuperCalc ;
- Assistance dans toutes les étapes de la production de la publication sur les statistiques fiscales ;
- Correction des codes de localité (code géographique permettant la stratification de l'échantillon) et production de statistiques ;
- Mise à jour des listes de distribution ;
- Réponse à des demandes spéciales.

Hiver 1992   Secrétariat du Conseil du trésor du Canada, affaires réglementaires

Économiste junior

- Mise à jour des listes de distribution ;
- Mise sur pied d'un minicentre de documentation ;
- Élaboration d'études de coûts ;
- Compilation des réponses à un sondage.

Emplois

Juin 1991	Centre hospitalier Hôtel-Dieu de Sherbrooke Préposée aux dossiers médicaux (archives)
Sept. 1989 - juin 1991	Marché Dion Belvédère de Sherbrooke Caissière
Mai 1991 - juin 1991	Ville de Sherbrooke, service d'évaluation
Été 1989 et été 1990	Ville de Sherbrooke, bibliothèque municipale Aide-bibliothécaire
Été 1987 et été 1988	Ville de Sherbrooke, recensement des piscines

Autres connaissances

Connaissances générales en informatique : Basic, Lotus 123, Microtsp, WordPerfect 5.1, Harvard Grafics 2.3, SuperCalc 5.10, Survey It!, système central en environnement TSO / ISPF.

Activités et champs d'intérêt

- Organisation du pique-nique annuel de la division des services statistiques (Revenu Canada, accises, douanes et impôts) et récipiendaire d'un prix d'excellence et d'innovation.
- Grand intérêt pour les causes sociales qui marquent l'actualité, la protection des animaux et de l'environnement.
- Mes différentes expériences de travail m'ont permis d'acquérir certaines aptitudes et qualités, notamment la ponctualité, le sens des responsabilités, la débrouillardise ainsi que l'autonomie. Étant une personne de défi, j'aime foncer pour atteindre mes buts et réaliser mes aspirations.

Références disponibles sur demande.

BILAN PERSONNEL - Anne Joubert
Au 31 décembre 1996

Éléments d'actif

Argent en main	250 $
Dépôts à la caisse populaire	5 000 $
Actions (valeur de rachat)	10 000 $
Obligations du Canada	3 000 $
Automobile (Cavalier 1993)	5 000 $
Mobilier et effets personnels	7 500 $
Total des éléments d'actif	**30 750 $**

Éléments de passif

Prêt auto	4 000 $
Prêt étudiant	9 000 $
Carte de crédit	500 $
Total des éléments de passif	**13 500 $**

Valeur nette au 31 décembre 1996	**17 250 $**

HISTORIQUE DE CRÉDIT

Emprunt auto à la caisse populaire (mensualités de 350 $)	
Solde à payer au 31 décembre 1996	4 000 $
Prêt étudiant à la banque (mensualités de 200 $)	
Solde à payer au 31 décembre 1996	9 000 $

BESOINS FINANCIERS PERSONNELS - Anne Joubert
Au 31 décembre 1996

Dépenses mensuelles

Loyer	500 $
Alimentation	400 $
Assurances	35 $
Automobile (essence et entretien)	150 $
Téléphone et câble	40 $
Loisirs	25 $
Électricité et chauffage	100 $
Frais de scolarité	200 $
Versements sur emprunts	550 $
Vêtements et accessoires	100 $
Total des dépenses mensuelles	**2 100 $**
Revenus mensuels	
Dividendes et intérêts	100 $
Total des revenus mensuels	**100 $**
Besoins financiers mensuels	*2 000 $*

Note : Mon conjoint et moi-même sommes encore aux études. Dans le cas de mon conjoint, il s'agit d'un retour aux études après une période passée sur le marché du travail. Les biens décrits dans le bilan personnel sont les miens. Les dépenses décrites dans l'état des besoins financiers personnels sont celles pour le couple.

Annexe - Curriculum vitæ des membres de l'équipe entrepreneuriale

JEAN PAQUET

444, rue Louis-Pinard, app. 4
Trois-Rivières (Québec)   G8Y 8Y8

Téléphone : (819) 699-9900

Études

1992-1995   Baccalauréat en administration des affaires, option finance
Université de Sherbrooke

Autres cours

Valeurs mobilières au Canada (réussi)
Gestion de placements accrédités (en cours)

Emplois

1994   Club de golf de Milby
Serveur

1984-1991   Club de golf de Venise
Préposé à la boutique, au terrain et aux départs ; serveur et enseignant de golf.

De ces emplois d'été, j'ai acquis un grand sens des responsabilités, beaucoup d'entregent pour servir le public et une grande polyvalence, acquise en raison des changements de tâches fréquents.

1989	La Publicité enr.
	Propriétaire
	Cette expérience m'a permis de développer mon sens de l'organisation, puis de parfaire mes connaissances en comptabilité et en marketing. Je devais m'occuper de l'organisation pour la confection du matériel, de la sollicitation des clients et de la gestion de l'entreprise.
1981-1983	Club de golf d'East Angus
	Préposé à la boutique

Activités et champs d'intérêt

Cinéma, sports (golf et squash), lecture de magazines et de livres à caractère économique et financier.

JACINTHE TREMBLAY

123, rue King Ouest
Sherbrooke (Québec) J1A 1A1

Téléphone : (819) 821-2222

Études

1990-1993	Baccalauréat en droit Université de Sherbrooke
1988-1990	Études collégiales en sciences administratives Séminaire de Sherbrooke

Emplois

Depuis 1993	Downey & Martel, avocats Droit des affaires
1990	Dépanneur du Coin Caissière

Bilan des acquis

Ma formation universitaire m'a permis de mieux connaître l'environnement du droit des affaires et mon expérience de travail saura faire en sorte d'améliorer mes compétences. En ce qui concerne mes projets futurs, j'aimerais acquérir une expérience plus concrète en matière de gestion d'entreprise.

LOUISE LAPLANTE

1000, rue Richard, app. 403
Sherbrooke (Québec)   J1A 2A2

Téléphone : (819) 566-6666

Études

Depuis 1993	Baccalauréat en administration des affaires, option comptabilité Université du Québec à Montréal
1990 - 1993	Baccalauréat coopératif en économique Université de Sherbrooke
1988 - 1990	Études collégiales en sciences pures Séminaire de Sherbrooke

Emplois

1994	Auberge du Fenil Auditrice comptable
Été 1993	Ministère de la Culture du Québec Économiste junior
Automne 1992	Emploi et Immigration Canada (Ottawa) Économiste junior
Hiver 1992	Emploi et Immigration Canada (Ottawa) Économiste junior

Bilan des acquis

De mes expériences de travail, je retire une grande satisfaction personnelle. Le goût du travail et la volonté d'atteindre les objectifs que je me fixe sont les valeurs qui me caractérisent le mieux. Bénévole à l'hôpital D'Youville de Sherbrooke, j'ai acquis un grand sens des responsabilités et le respect des autres.

Les applications propres à mon projet

Éléments de contenu du plan d'affaires	Cet élément s'applique-t-il à mon projet ?	Date d'échéance pour cette étape	Sources d'information à utiliser
Exigences du projet à réaliser			
Buts et objectifs poursuivis			
Tâches et actions à entreprendre			
Évaluation de vos compétences pour satisfaire aux exigences du projet			
Habiletés techniques			
Habiletés managériales			
Écarts entre les exigences et vos compétences			
Description de votre expérience et de votre scolarité			
Façons de combler les écarts entre les exigences et les compétences			
Antécédents de chacun des membres de l'équipe entrepreneuriale			
Atouts et capacités de chacun			
Complémentarité des partenaires ou lacunes à combler			
Façons de combler les écarts entre les exigences et les compétences des partenaires			
Description de la convention entre associés			

CHAPITRE 4

L'analyse du marché

Pour qui allez-vous le faire ?

La section portant sur l'analyse du marché est l'une des plus importantes dans la présentation du plan d'affaires. C'est ici que l'on établit s'il existe un marché pour le produit ou le service envisagé, considérant la demande globale et le nombre de concurrents qui y répondent. L'objectif ultime est de déterminer le chiffre d'affaires et la stratégie appropriée pour l'atteindre, tout en convainquant le lecteur de la pertinence et de la justesse de ces prévisions.

Dans le premier chapitre, nous vous avons parlé de l'étude de marché. Dans la présente section du plan d'affaires, vous devez rapporter les conclusions de cette étude.

4.1 L'IDENTIFICATION DE LA CLIENTÈLE ET L'ÉVALUATION DES MARCHÉS

4.1.1 La description de la clientèle

Les habitudes et les comportements d'achat ne sont pas les mêmes pour tous les types de clientèles. Il faut déterminer la nature de la clientèle et regrouper les clients selon certains critères qui en font des groupes homogènes (ce que nous nommons la segmentation). Faites ces regroupements à partir des comportements d'achat (volume d'achat, taux de consommation, fidélité à la marque), des caractéristiques démographiques et socio-économiques (âge, sexe, revenus, etc.), des variables psychographiques (style de vie, personnalité) ou encore des variables psychologiques (motivations, attitudes, préférences, perceptions).

Par exemple, votre marché cible pourrait être composé d'un de ces groupes :
- Des couples dont le plus âgé des deux a moins de 35 ans, ayant un revenu annuel familial de plus de 50 000 $ par année, demeurant dans un logement loué, n'ayant pas d'enfant et désirant acheter une maison dans les deux prochaines années ;
- Des femmes de plus de 35 ans, célibataire ou non, sans enfant, demeurant en milieu urbain et occupant un emploi de cadre, gagnant plus de 40 000 $ par année, consommant des multivitamines afin de suppléer à une alimentation déficiente et aux effets du stress sur l'absorption des vitamines contenues généralement dans les aliments ;
- Des jeunes de 16 à 18 ans, fréquentant l'école, travaillant à temps partiel et gagnant un revenu annuel entre 2 000 $ et 5 000 $, consommant au moins deux repas de *fast food* par mois et désirant se retrouver en groupe du même âge le plus souvent possible.

Si votre clientèle est composée d'entreprises, vous devez faire le même exercice. Les variables de segmentation seront cependant différentes. Il s'agira alors de décrire votre clientèle d'entreprises selon le secteur d'activité, le nombre d'employés, le marché desservi, la localisation ou tout autre variable importante pour votre projet. Votre marché cible pourrait, par exemple, être défini de l'une ou l'autre de ces façons :
- Les entreprises manufacturières du secteur de la transformation du bois, utilisant des scies à ruban, employant moins de 50 personnes,

situées dans le nord du Québec et desservant le marché du Québec, de l'Ontario, des provinces maritimes et les États de la Nouvelle-Angleterre ;
- Les institutions, entreprises ou organismes de la région montérégienne, devant faire leur promotion auprès de la population, ne possédant par de service interne de communication ou de marketing.

Pour une discussion plus en détail sur les éléments importants à considérer dans l'analyse et la segmentation de marché, nous vous proposons, dans la bibliographie, quelques volumes de référence, notamment *Le Marketing et la PME* de Serge Carrier et *Marketing gagnant* de Marc Chiasson, tous deux publiés par Les Éditions Transcontinental inc. et la Fondation de l'Entrepreneurship.

 *Faites la description de votre marché cible selon les variables importantes pour votre projet d'entreprise.*

4.1.2 L'évaluation de la demande globale

La deuxième étape de l'analyse de marché est de déterminer la demande globale, passée et actuelle, à partir de données statistiques disponibles ou d'information recueillie dans votre étude de marché. La demande globale fait référence aux dépenses annuelles engagées pour acheter le même produit ou le même service que celui que vous désirez offrir. Par exemple (et il s'agit de chiffres fictifs), vous pourriez lire dans les journaux que le marché de l'alimentation représente 50 milliards de dollars au Québec ou que le marché de l'informatique a dépassé le million de dollars à Montréal en 1995.

Dans vos lectures et vos rencontres concernant le secteur d'activité de votre entreprise, vous avez possiblement trouvé cette information. Dans l'analyse du secteur d'activité, alors que vous en avez fait l'historique, vous avez probablement discuté de l'évolution des ventes. Reprenez ici cette information et, à l'aide de votre étude de marché, estimez le montant de cette demande pour le territoire géographique que vous voulez desservir.

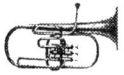 *Quelle est la demande globale actuelle pour votre produit ou votre service et comment cette demande a-t-elle évolué dans le passé?*

4.1.3 L'évaluation de la demande pour le marché cible

Grâce à l'information recueillie dans les deux premières étapes de l'analyse du marché (caractéristiques de votre marché cible et demande globale), vous êtes maintenant en mesure d'évaluer la demande pour votre marché cible, à l'intérieur du territoire géographique où prendra place votre entreprise.

La prochaine étape est de déterminer le nombre de personnes ou d'entreprises qui répondent aux caractéristiques de segmentation importantes pour votre produit ou votre service. Les données statistiques, les listes d'entreprises et votre étude de marché doivent vous permettre d'obtenir cette information. Il s'agit ensuite de calculer la part de la demande globale que peut représenter votre marché cible.

Par exemple, si 100 personnes ou entreprises répondent aux caractéristiques du marché cible dans la région où vous voulez vous installer et que la demande globale pour votre produit ou votre service est de 1 000 $ annuellement par personne ou entreprise, le marché global pour votre marché cible serait de 100 000 $.

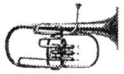 *Déterminez le montant de la demande globale pour votre marché cible.*

4.1.4 Les facteurs déterminants de la demande

Afin d'appuyer vos hypothèses de ventes et de croissance des ventes, vous devez estimer la demande future pour votre produit ou votre service. Selon les secteurs d'activité, différents facteurs sociaux, culturels, démographiques ou économiques peuvent influencer cette demande. Dans l'analyse du secteur d'activité (chapitre 2), vous avez déjà identifié plusieurs de ces facteurs. Il s'agit maintenant de les préciser pour votre projet d'entreprise. À titre d'exemple, si vous comptez exploiter un commerce qui vend des robes de mariées, l'évolution du nombre de mariages sera un facteur déterminant de la demande future.

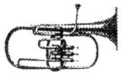
Relevez les facteurs déterminants de la demande pour chacun des segments de marché que vous avez identifiés précédemment et déterminez leur évolution pour les trois à cinq prochaines années, afin d'évaluer la demande globale pour le futur.

4.2 L'ANALYSE DE LA CONCURRENCE DIRECTE ET INDIRECTE

La demande globale est partagée par les entreprises qui exploitent déjà ce secteur d'activité et, plus près de vous, par les concurrents œuvrant dans le territoire géographique que vous voulez desservir. Chaque dollar de vente que vous ferez proviendra de cette demande globale qui appartient actuellement aux entreprises concurrentes. Pour convaincre votre marché cible d'acheter de vous plutôt que de votre concurrence, vous devrez vous démarquer de celle-ci. Pour vous en démarquer, il vous faut bien la connaître.

Faites attention de ne pas tomber dans le piège de vous penser seul sur le marché. Peut-être n'existe-t-il aucune entreprise identique à la vôtre présentement (concurrence directe), mais il existe certainement des produits ou services substituts (concurrence indirecte).

La concurrence directe est donc celle qui offre le même produit ou le même service que vous. La concurrence indirecte est celle qui offre des produits ou des services qui peuvent remplacer celui que vous comptez offrir, en satisfaisant le même besoin. Par exemple, pour manger, vous avez le choix entre vous mijoter quelque chose à la maison et aller au restaurant; ou encore, pour vous amuser, vous pouvez aller au cinéma, lire un livre, assister à une pièce de théâtre ou assembler un modèle réduit d'avion.

Ces concurrents indirects sont très importants, puisqu'ils veulent s'emparer du budget (loisir, nourriture, santé, ameublement ou autres) du marché cible, au même titre que la concurrence directe.

Pour identifier vos concurrents directs et indirects, les listes d'entreprises et les banques de données sont encore les meilleures sources d'information, le tout jumelé à votre propre connaissance du secteur d'activité. De plus, dans votre étude de marché, vous aurez demandé à votre marché cible comment et où il se procure les produits ou les services semblables aux vôtres.

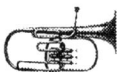 *Faites la liste des concurrents directs et indirects.*

Une fois cette liste faite, vous devez évaluer les forces et les faiblesses des concurrents. Il s'agit de déterminer ce qu'en pense le marché cible, plutôt que ce que vous en pensez personnellement. Nous vous rappelons que la meilleure façon de le savoir est de faire une étude de marché et de poser la question au marché cible. Cette analyse de la concurrence doit vous permettre d'éviter leurs faiblesses, voire de faire mieux, et de connaître leurs facteurs de succès, leurs forces.

Les facteurs d'analyse de la concurrence vont différer selon le secteur d'activité et l'importance qui leur est accordée par le marché cible. Au minimum, on doit évaluer les éléments suivants :

- le prix de vente et la relation qualité/prix ;
- la part de marché détenue (pourcentage de la demande globale appartenant à ce concurrent) ;
- la capacité de production ;
- le choix de produits ou de services offerts ;
- l'équipe de vente et le réseau de distribution ;
- l'expertise, la crédibilité et le professionnalisme ;

- le point de vente (ambiance, décor, accessibilité, stationnement, etc.) ;
- le service après-vente et les garanties offertes ;
- l'effort publicitaire et les promotions.

Pour évaluer la part de marché de vos concurrents, vous pouvez poser la question directement à votre clientèle cible dans votre étude de marché. De plus, si l'information nécessaire n'est pas disponible dans les statistiques ou dans d'autres données secondaires, vous pouvez utiliser une méthode indirecte. Ainsi, vous pouvez estimer la part de marché selon le nombre d'employés de chaque concurrent par rapport à l'emploi total du secteur d'activité dans la région couverte. Vous pouvez aussi estimer cette part de marché selon la superficie de vente ou d'entreposage des entreprises concurrentes par rapport au total de la superficie utilisée ou selon le nombre de places assises dans un restaurant ou un théâtre, par exemple. La méthode indirecte que vous prendrez dépendra de votre secteur d'activité.

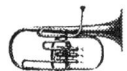
Listez les forces et les faiblesses de chacune des entreprises concurrentes selon ce qui est important pour le marché cible.

Si vous désirez démarrer dans un secteur d'activité en période de croissance, il est plus que probable que d'autres promoteurs pensent également à s'y lancer. Votre réseau personnel et votre analyse du secteur d'activité peuvent vous permettre d'évaluer les possibilités qu'une ou plusieurs autres entreprises viennent vous concurrencer dans les prochains mois ou les prochaines années. Il est important de vous y préparer, car les promoteurs de ces projets vous évalueront dans leur analyse de la concurrence et pourront éventuellement faire mieux que vous.

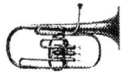
À partir de l'analyse du secteur d'activité déjà faite, envisagez la possibilité que de nouveaux concurrents s'établissent dans le marché au cours de la période considérée.

4.3 LE CHOIX STRATÉGIQUE

Une stratégie est un ensemble de moyens ou d'actions que l'entreprise prendra afin d'atteindre ses objectifs et de réaliser sa mission. Comme l'entreprise ne peut pas tout mener en même temps, l'entrepreneur doit choisir la meilleure stratégie possible pour son commerce en fonction de la situation.

La stratégie générale de l'entreprise se décomposera en sous-stratégies pour chacune des fonctions de l'entreprise (marketing, ressources humaines, opérations et ressources financières). Vous devez donc déterminer, pour chacune des clientèles visées, la façon dont vous comptez progressivement atteindre ces clientèles ; bref, il s'agit de la stratégie de pénétration de marché.

Cette stratégie globale de pénétration du marché dépendra des ressources humaines, financières et matérielles disponibles au sein de votre entreprise, des facteurs environnementaux (PESTE), de vos préférences et de votre vision. Elle doit utiliser les meilleurs éléments de votre entreprise (forces), tirer profit des occasions présentées par l'environnement et le marché, tout en tenant compte des menaces de l'environnement, de la situation concurrentielle ainsi que des faiblesses de l'entreprise.

Éventuellement, dans chacun des sous-plans du plan d'affaires, vous devez définir l'ensemble des moyens (ou tactiques) que vous comptez prendre afin de réussir votre stratégie de pénétration du marché. Vous expliquerez alors la façon dont vous organiserez vos ressources humaines, financières et matérielles afin d'atteindre vos objectifs.

Enfin, comme nous l'avons déjà mentionné, votre entrée dans le marché ne signifie pas que la demande globale va être partagée au prorata du nombre de concurrents. Au contraire, vous devrez aller conquérir, au détriment de vos concurrents, chaque dollar de ventes que vous souhaitez obtenir. Le chiffre d'affaires à atteindre est donc fonction de la stratégie de pénétration de marché pour laquelle vous opterez. Il ne faut pas vous attendre à ce que la concurrence demeure inactive face à votre entrée ; au contraire, des réactions sont à prévoir, comme un effort publicitaire accru ou une baisse des prix de vente.

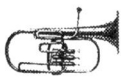

Formulez votre stratégie générale, à partir de votre analyse du marché, de la concurrence et de l'environnement, tout en tenant compte des ressources disponibles. Est-ce un prix moindre, une qualité supérieure, un meilleur service après-vente, un produit nouveau, une meilleure garantie, etc. ?

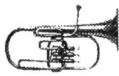

Mentionnez sur quelles forces de votre entreprise reposera votre stratégie générale de pénétration de marché.

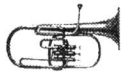

Déterminez de quelle façon vous comptez progressivement atteindre chacune des clientèles visées et de quelle façon les clients seront contactés.

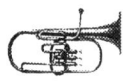

Expliquez comment votre produit ou votre service se démarquera de ceux de la concurrence.

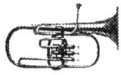

Discutez des ripostes possibles des concurrents face à votre stratégie de pénétration. Les ripostes seront aussi vives que les concurrents se sentiront menacés.

4.4 L'ÉVALUATION DU CHIFFRE D'AFFAIRES

L'évaluation juste du chiffre d'affaires potentiel de votre entreprise vous évitera bien des ennuis et vous permettra d'évaluer les ressources dont vous aurez besoin pour le réaliser. Le chiffre d'affaires vous indique en effet la demande pour votre produit ou votre service, en quantité comme en qualité. Il vous permet donc de bien évaluer vos besoins en ressources humaines, en ressources matérielles et en ressources financières afin de répondre adéquatement à cette demande.

En phase de prédémarrage, tout comme au démarrage de votre entreprise, une sous-évaluation ou une surévaluation de vos besoins en ressources peut amener bien des problèmes que vous devrez corriger subséquemment, souvent à des coûts supplémentaires.

À titre d'exemple, vous achetez deux pièces d'équipement de production alors qu'une seule aurait pu répondre à la demande pour les premières années d'exploitation. Vous avez alors investi (et souvent emprunté) trop d'argent. Ou encore, vous louez une superficie de 500 mètres carrés, alors que vous avez besoin d'une superficie de 1 000 mètres carrés. Vous devrez alors soit déménager ou encore louer un local supplémentaire à un autre endroit. Ceci entraînera aussi des coûts supplémentaires et bien des maux de tête.

Pour déterminer votre chiffre d'affaires potentiel, vous avez besoin des renseignements colligés dans votre étude de marché, dans votre analyse du secteur d'activité de votre entreprise ainsi que de ceux recueillis dans votre analyse de la concurrence.

Vous pouvez tout simplement multiplier le nombre d'acheteurs potentiels (dans le territoire géographique que vous comptez desservir) par la consommation annuelle du produit ou du service que vous comptez offrir afin d'obtenir la demande totale (voir la section 4.1 du présent chapitre). À partir de cette demande totale et des résultats de votre étude de marché relatifs à l'intention d'achat pour votre produit ou service, vous pouvez évaluer le pourcentage de cette demande totale qu'il vous est possible d'obtenir, donc votre chiffre d'affaires potentiel.

La détermination de ce pourcentage n'est pas chose facile. Vous devrez mettre votre jugement à contribution et essayer de bien estimer les résultats de la stratégie choisie, de même que la nature de la concurrence et sa riposte à votre entrée sur le marché. Il n'existe pas de recettes magiques pour déterminer ce pourcentage. Soyez réaliste dans sa détermination et ne vous laissez pas emballer par votre propre enthousiasme vis-à-vis de votre produit ou service.

Lorsque vous avez établi les parts de marché des concurrents, vous avez pu constater lequel était le plus important et lequel était le moins important. Une façon de ne pas être trop optimiste est de baser votre évaluation de votre chiffre d'affaires sur la part de marché du plus petit concurrent, en tenant compte du fait qu'il a pris plusieurs années pour l'obtenir.

Dans certains cas, il est aussi possible que vous ayez en main des commandes fermes de clients ou encore que vous ayez obtenu des contrats à la suite d'appels d'offres. Dans ce cas, vous devez l'indiquer afin d'appuyer l'évaluation de votre chiffre d'affaires potentiel.

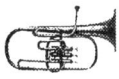
Indiquez si vous avez en main des commandes fermes de vos clients ou des clients potentiels qui sont prêts à faire des engagements.

Dans certains cas, il est possible que vous ne puissiez répondre à la demande que vous avez évaluée précédemment, par exemple si la main-d'œuvre n'est pas disponible, si le savoir-faire ou le financement requis pour dépasser un certain volume de production ne vous sont pas accessibles, ou encore si le réseau de distribution ne peut rejoindre l'ensemble de votre marché. Vous devrez tenir compte de ces contraintes, non seulement dans l'évaluation de votre chiffre d'affaires potentiel, mais aussi dans votre stratégie de développement futur et dans votre échéancier de réalisation du projet (nous y reviendrons dans les chapitres 10 et 11).

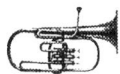
Indiquez toute contrainte technologique ou incapacité de production qui vous empêchent de dépasser un certain volume.

Enfin, avec toute cette information en main, vous pouvez indiquer la part de marché visée ainsi que le chiffre d'affaires potentiel pour votre entreprise.

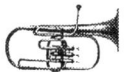 *Déterminez votre part de marché potentielle et sa croissance pour la période couverte par le plan d'affaires et, de là, votre chiffre d'affaires pour les trois premières années d'exploitation de votre entreprise.*

Une fois cette section rédigée, annexez au plan d'affaires tous les documents pouvant attester vos dires et influencer favorablement le lecteur.

Exemple de la boutique *Viens bouquiner*

4 L'ANALYSE DU MARCHÉ

L'analyse du marché a été faite à l'aide de données secondaires, notamment à partir d'articles de journaux, de statistiques provenant de Statistique Canada et du ministère des Affaires culturelles. Vous trouverez les références exactes en annexe, dans la section « Bibliographie et références ».

4.1 L'identification de la clientèle et l'évaluation des marchés

4.1.1 La description de la clientèle cible

Selon une étude du ministère des Affaires culturelles sur les comportements des Québécois en matière d'activités culturelles et de loisirs pour l'année 1989, le marché cible pour le livre est la population âgée de 15 ans et plus, encore aux études ou ayant au moins un cinquième secondaire. De plus, les acheteurs de livres sont des gens à revenus moyens ou élevés, revenus prédisposés par une meilleure scolarité. Quoi qu'il en soit, l'analyse du secteur d'activité me laisse croire que le revenu, pour une boutique de livres d'occasion, n'est pas un facteur déterminant de la demande. Je limiterai donc mon analyse à l'âge et à la scolarité de la population pour le territoire que je veux desservir.

Je me limiterai aussi à la clientèle cible qui réside dans le territoire cible, soit l'agglomération de Trois-Rivières. Les ventes provenant des achats occasionnels des touristes ne seront pas considérées dans l'analyse du marché.

En ce qui a trait au nombre de personnes composant le marché cible dans l'agglomération de Trois-Rivières, on comptait, lors du dernier recensement, 108 635 personnes de 15 ans et plus, dont 64,3 % détenant au moins un certificat ou un diplôme d'études secondaires, soit 69 852 personnes.

4.1.2 L'évaluation de la demande globale

Toujours selon l'étude du ministère des Affaires culturelles, dans la population des 15 ans et plus, 58 % achète des livres, en moyenne 13 par année, à un coût moyen de 9 $. En 1989, ceci représentait un chiffre d'affaires pour l'ensemble du Québec de 384 448 900 $, excluant les achats de manuels scolaires et uniquement dans les librairies tenant plus de 1 000 titres en stock.

Je n'ai pu trouver de données antérieures ni de plus récentes. Je pose cependant comme hypothèse, afin d'être le plus conservatrice possible, que le marché du livre en général est stable et que, toute chose étant égale par ailleurs, l'achat moyen (13 livres à 9 $) est demeuré le même depuis 1989. L'augmentation (ou la diminution) des ventes s'expliquera alors par les variations dans les caractéristiques sociodémographiques de la population.

4.1.3 L'évaluation de la demande pour le marché cible

Comme il a été mentionné précédemment, le marché cible dans l'agglomération de Trois-Rivières, lors du dernier recensement, était de 108 635 personnes âgées de plus de 15 ans, dont 64,3 % détenant au moins un certificat ou un diplôme d'études secondaires, soit 69 852 personnes.

L'étude du ministère des Affaires culturelles révèle que 58 % de ces 69 852 personnes sont consommatrices de livres, soit 40 515 personnes.

Si chacune de ces personnes achète 13 livres par année à 9 $ chacun, la demande totale pour l'agglomération de Trois-Rivières est donc de 526 695 livres (40 515 personnes x 13 livres) ou 4 740 255 $ (nombre de livres x 9 $).

En ce qui a trait à la demande par rapport aux différents genres littéraires, toujours selon l'étude des comportements des Québécois en matière d'activités culturelles et de loisirs en 1989, on apprend à la question 7c que les gens lisent, du moins à l'occasion, des volumes portant sur les sujets suivants :

Romans	67,4 %
Santé, médecines douces, forme physique	62,7 %
Biographies ou autobiographies	59,5 %
Bricolage, cuisine, horticulture	55,4 %
Documentaires, actualité	49,9 %

Livres scientifiques	49,8 %
Développement personnel, psychologie	49,7 %
Histoire, généalogie, patrimoine	42,6 %
Bandes dessinées	35,1 %
Ésotérisme	28,7 %
Poésie	26,7 %
Livres religieux	25,2 %
Essais	22,5 %

On voit nettement que les romans et les biographies sont parmi les catégories les plus choisies et lues par la clientèle cible.

De plus, lorsqu'on leur demande, à la question 7e, leurs préférences entre la littérature classique et les best-sellers, on voit que les livres à succès obtiennent 58 % de la faveur populaire.

Ne possédant pas de chiffres sur les achats par catégories de livres, je souhaite garder en stock les catégories les plus populaires, soit les romans, les biographies et autobiographies et les best-sellers. Le défi, encore une fois, sera de les obtenir par le biais d'achats directement de la clientèle.

4.1.4 Les facteurs déterminants de la demande

Maintenant, il convient de préciser un peu plus les facteurs déterminants de la demande pour le marché cible. L'enquête sur les comportements des Québécois en matière d'activités culturelles et de loisirs en 1989 révèle que plus on est scolarisé, plus on a tendance à lire et cette donnée est constante pour toutes les enquêtes. De plus, cette enquête nous dit que l'écart de scolarité entre les lecteurs et les non-lecteurs de livres est de près de trois ans. Ici, seront visées les personnes de 15 ans et plus aux études ou ayant obtenu un certificat ou un diplôme d'études secondaires, ce qui représente près de 70 000 personnes dans l'agglomération de Trois-Rivières.

Une autre étude démontre que plus les revenus d'un ménage sont élevés, plus la dépense pour le matériel de lecture est grande. Il s'agit du rapport de Statistique Canada concernant les dépenses des familles au Canada en 1992.

Ainsi, on peut affirmer que le niveau de scolarité et les revenus influencent l'achat de livres. Trois-Rivières étant une ville universitaire et une capitale régionale, la population métropolitaine a une bonne scolarité et les revenus y sont relativement élevés. Ce sont là des éléments positifs pour ma boutique.

4.2 L'analyse de la concurrence

La concurrence directe de ma boutique est représentée par les librairies qui vendent seulement des livres neufs ou des livres d'occasion, ou encore les deux. La concurrence indirecte pourrait être représentée par les bibliothèques municipales et scolaires de même que par les magasins à grande surface comme Zellers ou Wal-Mart.

Comme je m'adresse à une clientèle de bouquineurs, lesquels aiment bien posséder leurs propres livres, je traiterai des bibliothèques et des magasins à grande surface d'une façon générale, mais m'attarderai à la concurrence directe d'une façon plus détaillée.

4.2.1 L'analyse de la concurrence indirecte

Les bibliothèques municipales, au nombre de trois dans l'agglomération de Trois-Rivières, offrent à leur clientèle le prêt de livres pour une période de 15 jours, moyennant une cotisation annuelle variant entre 5 $ et 20 $. L'avantage indéniable des bibliothèques municipales est le coût relié à la lecture (les emprunts sont gratuits). Le désavantage est qu'il faut souvent attendre avant d'avoir accès aux nouveautés. Il faut aussi se souvenir que l'on doit rapporter les livres même si l'on a envie de les garder pour les relire plus tard...

Les bibliothèques scolaires, notamment les bibliothèques universitaires et collégiales, permettent aux étudiants d'emprunter des livres qui portent surtout sur les matières reliées à leur domaine d'études. Les sections détentes et loisirs sont relativement minces dans ces bibliothèques. De plus, comme les étudiants ont un budget limité, ils représentent une clientèle privilégiée pour le livre d'occasion, tant de détente que scolaire.

Enfin, les magasins à grande surface visent surtout, en ce qui concerne le livre, les achats impulsifs. Le choix y est limité et surtout axé sur le livre de poche. Quoique les prix soient dans la norme du marché, voire plus bas, je ne crois pas que l'impact des grandes surfaces sur les librairies spécialisées ou générales soit très grand.

4.2.2 L'analyse de la concurrence directe

L'EXÈDRE, RUE SAINT-MAURICE

Cette librairie agréée partage ses produits destinés à la vente entre les livres d'occasion, les livres neufs, les cassettes et disques compacts d'occasion. C'est la librairie qui correspond le plus au concept de la boutique Viens bouquiner. Ses forces se retrouvent dans la qualité du service offert. Il y a une belle atmosphère grâce à la musique classique qu'on y fait jouer. Par contre, les livres d'occasion sont un peu pêle-mêle, c'est-à-dire qu'il n'y a pas assez d'étagères pour les classer. Il y a des livres empilés par terre et d'autres sur le dessus des étagères, ce qui rend l'accès aux livres difficile. Pour ce qui est des prix, ils se maintiennent dans la moyenne.

LE LECTEUR, RUE DES ÉRABLES

Librairie de livres d'occasion seulement, elle se situe sur le côté d'un petit centre commercial et en face d'une caisse populaire très achalandée. Elle est située près du cégep de Trois-Rivières. Elle dessert les cégépiens, les clients du centre commercial ainsi que les résidants du quartier résidentiel à proximité. Cependant, la boutique étant petite, elle se retrouve avec un manque d'espace. Les livres sont empilés par terre et, de plus, il n'y a aucune indication sur le classement des livres dans chaque catégorie. Par exemple, si je cherche un roman bien précis, je me rends à la section « romans », mais, ensuite, il n'y a plus d'indication. Cela rend difficile la recherche. Cependant, cette boutique possède un coin pour enfants, ce que je n'aurai pas dans ma boutique. La boutique étant souvent déserte, je considère qu'elle ne possède pas actuellement une grande part du marché.

COOP DE L'UQTR

À titre de coopérative, cette librairie agréée peut offrir de meilleurs prix à sa clientèle membre. Cette clientèle est justement formée, pour la majorité, des étudiants de l'UQTR. Cependant, elle ne vend que des livres neufs, sauf si l'on considère la vente de livres scolaires d'occasion en début de session. De plus, elle offre aussi une section informatique, ce qui aura pour effet d'amener un autre genre de clientèle à la librairie.

ARCHAMBAULT, BOULEVARD DES FORGES

Ce magasin à grande surface a l'avantage de desservir un grand public; en effet, Archambault vend non seulement des livres, mais aussi des cassettes, des disques compacts, des partitions et des revues internationales. Cela a pour effet d'attirer un grand nombre de personnes. Archambault possède en plus une grande force en publicité. Tout le monde a sûrement vu sa circulaire. L'entreprise a aussi une publicité à la télévision. Par contre, dans ce genre de magasin, il est difficile d'avoir un service personnalisé aussi bon que dans les plus petits endroits.

LIBRAIRIE ÉCONOMIQUE DE TROIS-RIVIÈRES, RUE WILLIAMS

Cette librairie a été mise en place pour soutenir l'organisme Prévention suicide. Cette librairie se consacre entièrement aux livres d'occasion. L'endroit est ordonné et on y applique un système demi-prix sur les livres d'occasion (moitié moins cher que le même livre neuf). Il y a une grande quantité de livres; par contre, nombre d'entre eux sont très vieux. Cette entreprise dessert une clientèle de quartier résidentiel à faibles revenus.

LIBRAIRIE CLÉMENT MORIN & FILS INC., BOULEVARD DES FORGES

Cette grande librairie dans le centre commercial Les Rivières rejoint un très grand public, c'est-à-dire tous les gens qui fréquentent le centre. Elle rejoint un grand public grâce aux produits qu'elle offre, soit des livres, de la papeterie, des produits informatiques de même que du matériel pour enfants. Le prix des livres est comparable à celui des autres commerçants. Clément Morin & Fils inc. a aussi une succursale dans deux autres centres commerciaux, dont celui de Cap-de-la-Madeleine, ville voisine de Trois-Rivières.

LIBRAIRIE POIRIER, RUE ROYALE

Cette grande librairie dessert une partie des clients qui magasinent au centre-ville, cependant elle est située sur une rue transversale où le stationnement est limité et payant. On y retrouve des livres neufs, de la papeterie et un peu de livres d'occasion. Les prix sont concurrentiels.

LIBRAIRIE MASSICOTTE, CÉGEP DE TROIS-RIVIÈRES

Cette librairie dessert essentiellement la clientèle étudiante de l'établissement, et ce, le plus souvent pour les manuels scolaires.

LIBRAIRIE ÉDITIONS PAULINES, RUE DE LA CATHÉDRALE

Établie un peu partout au Québec, cette librairie jouit d'une grande réputation, surtout en ce qui concerne les livres de nature religieuse. C'est un secteur du marché très segmenté. Par contre, elle vend d'autres livres, et seulement des livres neufs.

Pour ce qui est des nouveaux concurrents possibles, notons que des succursales de la Biblairie GGC — il y a trois succursales à Sherbrooke — ou de Garneau pourraient avoir envie de s'établir dans la région de Trois-Rivières. Cependant, selon le *Bulletin commercial* de la Banque Royale, le nombre de résidants justifiant la présence d'une librairie est estimé à 16 758, ce qui fait de Trois-Rivières et de Trois-Rivières-Ouest une région qui n'est sûrement pas considérée par ceux-ci, connaissant le nombre de librairies déjà en place. En ce qui me concerne, je considère que mon concept est différent des autres étant donné ma spécialisation dans les livres d'occasion.

4.3 Le choix stratégique

La boutique Viens bouquiner est un lieu paisible et agréable à visiter. Cette boutique offrira une gamme étendue de livres et le service sera personnalisé, courtois et efficace. Les gens voudront y revenir, car ils auront été charmés par l'ambiance et la paix qui régneront dans la boutique.

Ma stratégie de pénétration sera d'abord axée sur de la publicité, par le biais de divers médias écrits. Je compte sur cette publicité pour atteindre ma clientèle cible, mais aussi sur le bouche à oreille. Les clients satisfaits seront invités à parler de la boutique à leur entourage.

Ensuite, je compte créer une atmosphère que les gens vont aimer : musique classique, brûleurs aromatiques, éclairage facilitant la lecture, etc. En plus de cela, il y aura un excellent service dont je prendrai la responsabilité. Pour l'ouverture, j'offrirai une promotion de style 2 pour 1 : le client n'aura à payer que le plus cher des deux livres qu'il achètera.

De plus, dans la boutique Viens bouquiner, chaque livre aura sa place. Le système fonctionnera de la façon suivante : il y aura une première classification par catégories. Ensuite, dans chacune des catégories, les livres seront classés par ordre alphabétique selon l'auteur. Pour chaque nouvelle lettre, il y aura un onglet pour mieux repérer chacune des subdivisions. Cette stratégie vise la satisfaction que tirera le client d'un milieu ordonné.

Cependant, la riposte des concurrents peut être grande. Ils vont peut-être baisser leurs prix ou offrir, comme moi, le 2 pour 1 ou tout simplement me relancer en vendant trois livres d'occasion pour le prix d'un seul.

4.4 L'évaluation du chiffre d'affaires

Pour ce qui est de la part de marché que je veux prendre, j'estime que 2 % du marché total est suffisant pour le moment et ce chiffre est très réaliste. En deçà de ce pourcentage, il est ridicule d'ouvrir une boutique.

J'aimerais augmenter cette part à 3 % pour la deuxième année et à 4 % pour la troisième année. Comme cela a été mentionné précédemment, si chacune des personnes composant le marché cible achète 13 livres par année à 9 $ chacun, la demande totale pour l'agglomération de Trois-Rivières est de 526 695 livres (40 515 personnes x 13 livres) ou 4 740 255 $ (nombre de livres x 9 $), alors :

2 % de cette demande totale représente un chiffre d'affaires de 94 800 $;

3 % de cette demande totale représente un chiffre d'affaires de 142 200 $;

4 % de cette demande totale représente un chiffre d'affaires de 189 600 $.

CHAPITRE 4

Les applications propres à mon projet

Éléments de contenu du plan d'affaires	Cet élément s'applique-t-il à mon projet ?	Date d'échéance pour cette étape	Sources d'information à utiliser
Variables importantes de description du marché cible			
Description du marché cible			
Évaluation de la demande globale			
Évolution de la demande globale			
Demande globale pour le marché cible			
Facteurs déterminants de la demande			
Identification de la concurrence directe et indirecte			
Évaluation des forces et des faiblesses de la concurrence			
Possibilité de nouvelle concurrence			
Stratégie générale de mise en marché			
Forces que l'entreprise exploitera			
Façons d'atteindre la clientèle et la stratégie de pénétration de marché			
Différenciation des produits ou services par rapport à la concurrence			
Ripostes possibles des concurrents			
Commandes fermes de la clientèle			
Contraintes technologiques			
Chiffres d'affaires pour les trois premières années			

CHAPITRE 5

Le plan de localisation

Où vous installerez-vous ?

Lorsque vous aurez bien déterminé à qui s'adresse votre produit ou votre service et que vous aurez établi le chiffre d'affaires visé, vous pourrez commencer la rédaction des divers sous-plans du plan d'affaires. L'information que vous aurez recueillie dans votre étude de marché sera d'une importance capitale pour la rédaction du plan d'affaires.

Le présent chapitre porte sur la localisation et l'emplacement où sera installé votre entreprise. La localisation représente la région dans laquelle sera implantée l'entreprise, alors que l'emplacement représente l'endroit précis. L'objectif de cette section du plan d'affaires est donc de situer le lecteur par rapport à l'endroit d'où vous comptez exploiter votre entreprise et de vous convaincre, vous le promoteur, que l'endroit choisi est bien celui qu'il faut.

En ce moment, vous devez vous demander pourquoi nous avons présenté le plan de localisation comme un plan séparé plutôt que de l'inclure dans le plan de marketing ou dans le plan des opérations. En fait, comme vous le verrez plus loin dans ce chapitre, le plan de localisation peut aller dans l'un ou l'autre de ces deux sous-plans, selon le secteur d'activité de l'entreprise. Afin de vous simplifier la tâche, nous avons alors décidé d'en faire une présentation séparée dans le volume. Dans la rédaction de votre propre plan d'affaires, vous pourrez choisir de présenter le plan de localisation à part, comme nous l'avons fait, ou encore de l'inclure dans le plan de marketing ou dans celui des opérations.

5.1 LE CHOIX DE LA LOCALISATION ET DE L'EMPLACEMENT

Le choix de la localisation et de l'emplacement ne se fera pas de la même façon si l'entreprise est de nature industrielle ou commerciale. De plus, si vous gérez une entreprise de type travailleur autonome, vous pouvez aussi choisir d'établir votre entreprise à la maison. Si cela est votre option, nous vous suggérons la lecture du volume suivant :

> DUBUC, Yvan et Brigitte VAN COILLIE TREMBLAY. *En affaires à la maison : le patron, c'est vous*, Les Éditions Transcontinental inc. et Fondation de l'Entrepreneurship, collection Entreprendre, Montréal et Charlesbourg, 1994.

La première chose à faire avant de déterminer l'endroit où installer votre entreprise est de bien identifier les facteurs de localisation importants dans votre secteur d'activité et de les mettre en relation avec les exigences particulières reliées à votre occasion d'affaires. Par exemple, dans le commerce de détail, un facteur de localisation important est l'accessibilité. De plus, si vous vous adressez à une clientèle formée de jeunes ou de personnes âgées, votre commerce devra être accessible non seulement en automobile, mais aussi en autobus.

Dans le cas des entreprises manufacturières, les principaux facteurs de localisation généralement considérés sont :
- la proximité des matières premières ou la proximité des marchés ;
- la disponibilité de la main-d'œuvre ;
- la disponibilité de services d'aide technique (ingénierie ou autres services conseils) ;

- l'accès aux réseaux de transport (terre, air, mer) ;
- la présence d'infrastructures (parc industriel, énergie au gaz naturel et à l'électricité, etc.) ;
- les réglementations nationales et locales (favorisant ou défavorisant l'implantation d'entreprises comme la vôtre) ;
- le climat ;
- autres facteurs importants pour votre projet d'entreprise.

Pour l'entreprise commerciale, le choix de l'emplacement se fera en fonction de facteurs sociodémographiques reliés au marché cible, aux revenus, à la circulation routière ou piétonnière ou autres, de même que de la localisation des concurrents.

Dans le cas des services, et selon la clientèle à laquelle ils s'adressent, les facteurs de localisation peuvent être semblables à ceux du secteur manufacturier ou à ceux des entreprises commerciales. Mentionnons :
- les services connexes aux vôtres (architecte et designer d'intérieur, par exemple) ;
- la circulation routière ou piétonnière ;
- la proximité des marchés ou de la main-d'œuvre spécialisée ;
- etc.

N'oubliez pas que le choix de la localisation et de l'emplacement doit se faire non seulement en fonction des besoins immédiats, mais aussi en fonction des besoins d'expansion engendrés par la croissance de l'entreprise.

Maintenant que vous avez pris connaissance des différents facteurs à considérer pour choisir la localisation et l'emplacement, répondez aux questions suivantes pour votre propre projet d'entreprise.

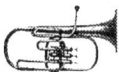 *Déterminez les facteurs de localisation que vous avez utilisés pour faire le choix de la localisation et de l'emplacement de votre entreprise. N'oubliez pas de tenir compte des particularités de votre occasion d'affaires.*

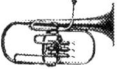 *Décrivez la localisation et l'emplacement choisis. Cette description peut devenir très technique et les plans ou devis faisant partie de cette description doivent apparaître en annexe.*

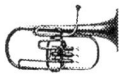 *Justifiez votre choix en fonction des critères énumérés précédemment.*

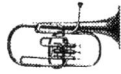 *Discutez des avantages et des inconvénients de l'emplacement retenu.*

5.2 LE SOMMAIRE DES COÛTS DE LOCALISATION

Nous avons ajouté une section s'intitulant **Le sommaire des coûts** pour chacune des parties suivantes du plan d'affaires. Celle-ci doit vous permettre de faire le résumé des décisions à incidences financières que vous allez prendre tout au long de votre démarche de démarrage d'entreprise. Nous y présentons les grandes catégories de coûts concernant chacune des sections du plan d'affaires. Certains de ces coûts pourraient ne pas s'appliquer à votre projet, alors que d'autres, particuliers à votre cas, ne s'y retrouveront pas. À vous d'en ajouter ou d'en retrancher selon votre propre projet d'entreprise. Ces sommaires vous serviront aussi dans le chapitre 12, alors que vous aurez à réaliser les prévisions financières pour votre projet d'entreprise.

Nous présentons également ces coûts selon trois grandes catégories, soit les coûts de démarrage, les coûts fixes et les coûts variables. Les coûts de démarrage représentent les frais assumés avant d'ouvrir les portes de votre entreprise, comme le coût d'achat de l'équipement et de l'outillage nécessaires.

Les coûts fixes sont les dépenses que vous aurez à régler une fois votre entreprise en exploitation et qui ne varieront pas, quel que soit votre chiffre d'affaires ; par exemple, le loyer, les versements sur emprunt ou les assurances. Bien sûr, ces coûts fixes pourront varier si vos ventes augmentent à un rythme très rapide. Par exemple, vous pourriez avoir besoin d'agrandir votre espace commercial, augmentant ainsi le coût de votre loyer. En général, un coût réputé fixe le demeure un certain temps avant de changer à la hausse ou à la baisse.

Enfin, les coûts variables sont ceux qui dépendent directement des ventes et que vous n'aurez pas à payer si votre entreprise ne fonctionne pas. Par exemple, si vous avez des employés qui travaillent uniquement à la production et que votre entreprise ne vend pas, elle ne fabriquera pas. Vous pourrez donc, mais nous ne vous le souhaitons pas, mettre vos employés à pied temporairement, réduisant ainsi vos dépenses en salaires.

Dans le plan de localisation, les frais de démarrage peuvent se retrouver essentiellement à deux niveaux. Premièrement, si vous devez acheter ou faire construire un bâtiment pour abriter votre entreprise, son coût d'achat ou de construction de même que tous les frais connexes (architecte, notaire et entrepreneur en construction, par exemple) sont des frais de démarrage.

Si vous louez un local ou achetez un bâtiment, il est probable que vous aurez des rénovations ou améliorations locatives à y faire afin qu'il réponde à vos besoins (rampes d'accès, ajout ou retrait de murs, etc.). Le coût de ces améliorations locatives de même que tous les frais connexes à leur réalisation sont également des frais de démarrage.

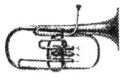 *Indiquez le coût (incluant les taxes de vente) de l'achat ou de la construction du bâtiment où sera installée votre entreprise. N'oubliez pas d'inclure tous les frais connexes.*

En ce qui a trait aux frais fixes reliés à la localisation de l'entreprise, vous pouvez y inclure les éléments suivants :
- assurance ;
- électricité et chauffage ;
- coût du loyer (si vous êtes locataire) ;
- entretien (intérieur et extérieur) du local ;
- taxes municipales (foncières, eau, d'affaires et autres) ;
- amortissement des locaux si vous êtes propriétaire.

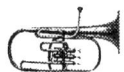
Dressez, sur une base annuelle, la liste des frais fixes reliés au plan de localisation.

Les frais variables, en ce qui a trait à la localisation de l'entreprise, sont souvent inexistants. Ils peuvent cependant exister et, dans certains cas, être importants. À titre d'exemple, le bail dans un centre commercial pourrait comporter une clause prévoyant une augmentation du loyer selon un certain pourcentage des ventes réalisées par le commerce.

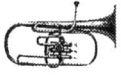
Le cas échéant, dressez la liste, sur la base du chiffre d'affaires potentiel, des frais variables reliés au plan de localisation.

Enfin, une fois cette section rédigée, mettez en annexe du plan d'affaires tous les documents pouvant attester vos dires et influencer favorablement le lecteur.

Exemple de la boutique **Viens bouquiner**

5 LE PLAN DE LOCALISATION

5.1 Le choix de la localisation et de l'emplacement

La localisation choisie pour l'implantation de la boutique sera la ville de Trois-Rivières. C'est une ville que j'ai toujours aimée, pas trop grande mais juste assez pour avoir tous les services nécessaires.

Pour ce qui est de l'emplacement, il n'est pas choisi de façon précise. Par contre, je sais que je veux installer ma boutique rue des Forges, artère principale du centre-ville. Cet endroit me permettra de bénéficier de la circulation des piétons. De plus, étant à proximité du fleuve, cette rue est empruntée par les nombreux touristes qui se rendent sur la promenade du port.

D'ailleurs, je considère le centre-ville très actif. L'été, les nombreuses terrasses et les petits bistros attirent les gens. C'est un centre-ville vivant comparativement à celui d'autres villes.

En ce qui concerne les avantages et les inconvénients, notons le stationnement payant, les parcomètres et le sens unique sur une partie de la rue des Forges, lesquels représentent, à mon avis, les inconvénients majeurs. La grande circulation piétonnière, la vie active au centre-ville, la proximité d'attraits touristiques sont, à mon avis, les avantages les plus importants.

Enfin, en ce qui a trait à la superficie requise pour le local, selon les statistiques sur les ventes dans le commerce de détail, pour les librairies à grande surface, on indique que les ventes moyennes annuelles au pied carré sont de 252 $ et les ventes médianes, de 219 $. Comme je vise un chiffre d'affaires de 189 600 $ pour la troisième année, le local devra avoir une superficie minimale variant entre 752 pi^2 et 865 pi^2. Afin d'éviter de trop restreindre la superficie et de devoir déménager pour assurer une croissance des ventes, tout en tenant compte du fait que je vends des livres d'occasion et que je veux créer une ambiance agréable et aérée, je chercherai un local de 1 500 pi^2. Le tarif moyen, au centre-ville de Trois-Rivières, est de 10 $ le pied carré, y compris le chauffage et l'électricité.

5.2 Le sommaire des coûts de localisation

Au démarrage, je devrai investir 850 $ pour l'aménagement du local en plus du dépôt de sécurité. L'investissement sera réparti comme suit :

Peinture du local	500 $
Installation des lampes	100 $
Décoration et brûleurs d'encens	250 $
Dépôt de sécurité sur le loyer (un mois)	1 250 $
Total	2 100 $

En ce qui a trait aux frais fixes, les dépenses annuelles suivantes sont prévues :

Loyer 1 500 pi^2 à 10 $ le pi^2 (chauffé et éclairé)	15 000 $ par année
Assurance responsabilité et affaires	600 $
Entretien (produits et nettoyage)	300 $
Taxes foncières	75 $

Je ne prévois aucuns frais variables en ce qui concerne la localisation de l'entreprise.

Les applications propres à mon projet

Éléments de contenu du plan d'affaires	Cet élément s'applique-t-il à mon projet ?	Date d'échéance pour cette étape	Sources d'information à utiliser
Facteurs de localisation			
Description de la localisation et de l'emplacement			
Raisons du choix			
Avantages et inconvénients de la localisation et de l'emplacement			
Sommaire des coûts de démarrage			
Sommaire des coûts fixes			
Sommaire des coûts variables			

CHAPITRE 6

Le plan de marketing

Comment allez-vous le vendre ?

L e plan de marketing représente l'ensemble des moyens à mettre en œuvre pour atteindre les objectifs de ventes déterminés lors de notre analyse du marché. Il existe un lien très étroit entre la stratégie globale de l'entreprise (que nous avons vue au chapitre 4 qui porte sur l'analyse du marché) et la stratégie de marketing, la première étant le fil conducteur de la seconde. Il s'agit de déterminer quelles seront les stratégies de produits, de prix, de publicité et promotion et de distribution de votre produit ou de votre service. Les résultats de votre étude de marché vous serviront pour compléter cette section.

L'objectif de cette section est de décrire, le plus précisément possible, la façon dont vous allez joindre votre clientèle et la convaincre d'acheter et de revenir acheter votre produit ou votre service.

6.1 LA DESCRIPTION DU PRODUIT OU DU SERVICE

Dans le chapitre 2, vous avez décrit l'occasion d'affaires et vous avez identifié les produits ou les services qui seront offerts par votre entreprise. Vous devez maintenant décrire les caractéristiques particulières de ces produits ou de ces services, qui sont l'objet de l'occasion d'affaires. Ces caractéristiques relèvent des réponses que vous avez obtenues lors de votre étude de marché ainsi que de votre analyse des forces et faiblesses de la concurrence.

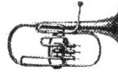
Identifiez les produits ou les services offerts et en donnez-en les caractéristiques physiques (taille, poids, emballage, couleur, formats, etc.). Si votre produit ou votre service n'est pas à une étape où il peut être exploité commercialement, indiquez son stade de développement.

Votre produit ou votre service n'a pas que des caractéristiques physiques. Les consommateurs se le procureront afin qu'il leur serve à quelque chose, comme améliorer leur qualité de vie, réduire leur temps d'attente, faciliter les tâches d'entretien ménager ou, dans le cas des services aux entreprises, diminuer le coût d'exploitation en sous-traitant certaines opérations. L'utilisation ou l'utilité de votre produit ou de votre service est un élément essentiel de votre stratégie de mise en marché. C'est souvent cette information qui servira de base à votre publicité.

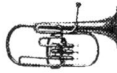
Décrivez l'utilisation de vos produits ou de vos services, ce à quoi ils servent.

Être différent, meilleur que les autres dans ce que vous faites, aura un impact certain sur les ventes de votre entreprise. Après avoir fait l'analyse de votre concurrence, vous pouvez décrire les avantages que votre produit ou service présente sur ceux des concurrents. Parmi ces avantages, il y a ceux que l'on peut qualifier d'immédiats : les caractéristiques du produit ou du service qui sera mis sur le marché de même que toutes les propriétés intellectuelles le protégeant de la contrefaçon. Il y a aussi tous les avantages que vous lui donnerez dans l'avenir afin qu'il demeure compétitif.

Tout produit ou tout service suit un cycle de vie qui commence par son introduction sur le marché, qui passe ensuite par une période de croissance puis de maturité, pour se terminer par un déclin ou chute des ventes (voir la figure 2). Dans la période d'introduction, les ventes démarrent lentement et l'entrepreneur est souvent au prise avec des problèmes de mise en marché. Dans la période de croissance, alors que les ventes augmentent à un rythme très rapide, plusieurs concurrents tentent de pénétrer le marché et y réussissent souvent. Le défi est alors de demeurer compétitif face à l'arrivée de cette nouvelle concurrence. Dans la période de maturité, les ventes sont stables mais la concurrence est vive. Le principal défi est de penser à l'introduction d'un nouveau produit ou service ou à l'amélioration de celui existant afin d'éviter la période de déclin.

Cette période de déclin arrive si l'entrepreneur n'améliore pas son produit ou son service ou si de nouveaux ou d'anciens concurrents le font avant lui.

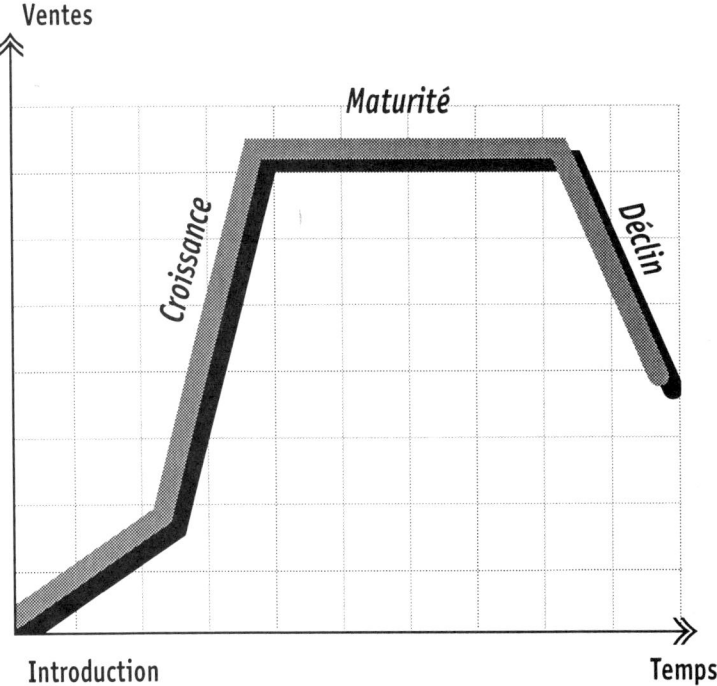

Figure 2
Cycle de vie d'un produit ou d'un service

Ce cycle de vie est plus ou moins long selon le secteur d'activité. Par exemple, on sait qu'un modèle d'automobile dure de 2 à 5 ans, quoi qu'il y ait des exceptions, notamment dans les voitures de luxe comme la BMW ou la Jaguar, puisque leur design n'a pratiquement pas changé et qu'il s'agit là d'une des raisons majeures de leur succès. À la fin de cette période, le manufacturier introduit des changements dans le design, améliore les performances ou abandonne tout simplement le modèle en question. Dans les secteurs d'activité, reliés à la mode ou à la haute technologie, la durée de vie d'un produit peut être très courte, alors que dans les secteurs d'activité des biens durables, le cycle de vie d'un produit peut être plus long. Enfin, le cycle de vie d'un produit dépassera rarement l'arrivée d'un produit ou d'un service nouveau ou amélioré.

Pour être compétitive, votre entreprise doit s'assurer que le cycle de vie de son produit ou de son service ne soit pas à la merci des innovations provenant de la concurrence. Prévoyez donc une façon d'allonger ce cycle de vie.

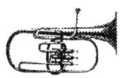
Désignez les avantages qui distinguent vos produits ou services de ceux des concurrents. Font-ils quelque chose que les autres ne font pas, le font-ils mieux ou font-ils plus ?

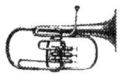
Si vous détenez ou projetez détenir des titres de propriété (brevets ou marques de commerce), précisez les termes et les avantages qu'ils vous confèrent.

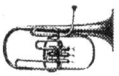
Votre produit ou votre service peut-il être sujet à des développements futurs qui permettraient de prolonger son cycle de vie ? Risque-t-il d'être remplacé par un produit substitut, plus évolué technologiquement ?

Nous avons mentionné, dans le chapitre 1, que vous devez formuler des objectifs pour chacune des fonctions de l'entreprise. Il s'agit ici de formuler les objectifs pour chacun des produits ou services que vous comptez mettre sur le marché.

Quels sont les objectifs que vous visez pour chacun des produits ou services ? Spécifiez le moment où vous atteindrez la période de croissance, combien de temps durera la période d'introduction et quel volume de vente, en quantité ou en dollars, ces objectifs représentent pour votre entreprise.

Pour atteindre ces objectifs, quelle stratégie d'entrée sur le marché, et de croissance par la suite, comptez-vous mettre en place ? Il sera question de la stratégie de croissance dans le chapitre 10 et il a déjà été question de la stratégie d'entrée sur le marché dans le chapitre 4. Faites-en ici un résumé.

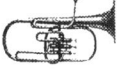
Quelle force ou dimension du produit allez-vous exploiter pour chacune des clientèles ? Reprenez et résumez les renseignements que vous avez colligés dans la section 4.1 du chapitre 4.

6.2 LE PRIX DE VENTE

Un élément important de votre plan de mise en marché est le prix que vous demanderez pour votre produit ou service. Ce prix de vente devra être cohérent avec la qualité offerte, tout en respectant ce qu'il vous en coûtera pour le fabriquer ou le vendre. Il devra aussi tenir compte de tout escompte, de toute remise ou de réduction occasionnelle que vous comptez offrir à votre clientèle.

La détermination du prix doit tenir compte de tous ces facteurs. Comme vous avez déjà analysé la concurrence, vous connaissez les prix demandés par celle-ci. Votre étude de faisabilité vous aura permis de déterminer le coût de fabrication de votre produit, d'achat des biens que vous revendrez ou encore de prestation de votre service. Enfin, votre étude de marché vous aura permis de déterminer le prix que le marché cible est prêt à payer pour obtenir votre produit ou votre service, compte tenu de ses différentes caractéristiques.

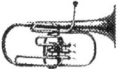 *Expliquez votre politique de prix. Comporte-t-elle une politique d'escompte ou de remise et une politique de crédit ? Avez-vous un prix de pénétration du marché (par exemple, demander un prix plus bas que celui du marché pour attirer le plus grand nombre de clients possible ou encore un prix plus haut afin d'indiquer une qualité supérieure et de créer une rareté) ?*

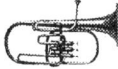 *Sur quelle base avez-vous déterminé ces prix ? Prix de revient ? Prix de la concurrence ? Coût de remplacement de la fonction ? Autres ? Une combinaison de ces facteurs ?*

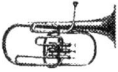 *Comment votre politique de prix se compare-t-elle avec celles des concurrents. Justifiez les écarts.*

6.3 LA PUBLICITÉ ET LA PROMOTION

La publicité est l'ensemble des moyens que vous prendrez afin d'informer votre marché cible de votre arrivée sur le marché, de l'endroit où se situe votre entreprise, des produits ou des services que vous offrez et des avantages concurrentiels de votre entreprise. La promotion, quant à elle, est l'ensemble des moyens que vous prendrez pour inciter votre clientèle cible à venir et à revenir acheter votre produit ou votre service. Une annonce, c'est de la publicité. Offrir des réductions ou un solde d'ouverture et commanditer un événement, c'est de la promotion. Pour en savoir plus sur le sujet, nous vous proposons le volume *Comment faire sa publicité soi-même*, 2ᵉ édition, de Claude Cossette, publié aux Éditions Transcontinental inc. en 1989.

Dans l'analyse de la concurrence, vous avez certainement étudié les façons dont celle-ci s'y prenait pour faire sa publicité et ses promotions. Dans votre étude de marché, vous avez aussi probablement identifié les médias qui sont lus, vus ou entendus par votre marché cible. Ces renseignements vous permettront de préparer votre publicité et votre promotion.

Dans la publicité et la promotion, il n'y a aucun mal à imiter la concurrence en ce qui a trait au calendrier des activités, aux périodes de l'année où se font les plus grands efforts publicitaires. Vous remarquerez d'ailleurs que ce calendrier correspond aux périodes d'utilisation ou d'achat du produit ou du service en question. Voici quelques exemples classiques de périodes propices pour de la publicité : les stations de ski l'hiver, des fleurs juste avant la Saint-Valentin et la fête des Mères, les voitures d'occasion au printemps, les maisons juste avant la date limite de renouvellement de bail, les restaurants juste avant la fin de semaine, etc.

Il n'y a aucun mal non plus à imiter la concurrence en ce qui concerne les médias utilisés (télévision, radio, dépliant, etc.) ou à innover en inventant de nouveaux moyens. Soyez cependant prudent avec vos nouveaux moyens ; rien ne vous prouve qu'ils seront efficaces.

Cela étant dit, vous devez songer à la préparation de votre première campagne publicitaire. La première étape est d'établir les objectifs de cette campagne. En publicité et promotion, les objectifs se traduisent souvent par le nombre de personnes jointes par dollar dépensé. Ils se traduisent aussi par le nombre de personnes qui viendront effectivement acheter après avoir vu, lu ou entendu votre publicité.

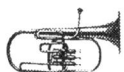 *Présentez vos objectifs publicitaires.*

Deuxièmement, préparez le message à transmettre. Au démarrage, ce message est souvent très simple : Je suis là ! Je suis nouveau, mais je suis là ! J'offre plus et mieux, et je suis là !

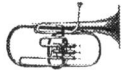 *Décrivez le contenu de la communication que vous voulez transmettre à votre marché cible. Exploitez vos avantages concurrentiels.*

Tout en respectant votre budget, et selon vos objectifs et le contenu du message à transmettre, vous devez ensuite choisir le ou les médias qui joindront le mieux votre clientèle. Comme nous l'avons déjà mentionné, il n'y a aucun mal à vous inspirer de ce que fait la concurrence en ce domaine. N'oubliez pas d'inclure toute publicité sur les lieux de votre entreprise : enseigne extérieure, décoration de vitrine, sacs ou emballages avec le nom de votre entreprise, etc.

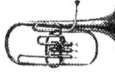

Désignez le ou les médias que vous comptez utiliser pour atteindre le marché (radio, télévision, journaux, encarts publicitaires, revues spécialisées, enseigne...).

Vous pouvez également décider d'utiliser d'autres moyens pour joindre votre clientèle, par exemple des techniques comme le démarchage (porte-à-porte) ou le télémarketing (vente par téléphone), si votre produit ou votre service s'y prête.

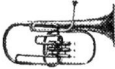

Spécifiez si vous utiliserez des techniques comme le démarchage ou le télémarketing. Précisez qui fera le démarchage ou les appels. Ces personnes seront-elles formées ? Par qui ? Comment seront-elles rémunérées ?

Il est possible que vous puissiez bénéficier de publicité gratuite. Vous pouvez, par exemple, organiser une conférence de presse afin d'aviser la population qu'une nouvelle entreprise, créant x emplois, vient de démarrer dans la région. Vous pouvez aussi faire partie d'associations ou faire du bénévolat et voir cet engagement reconnu dans la région et par la population.

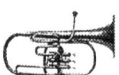

Identifiez tout moyen de publicité gratuite dont vous pourriez bénéficier.

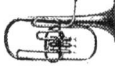

Une fois que les moyens et le message sont connus, planifiez le calendrier des activités. Il s'agit en fait d'un échéancier de réalisation des promotions (solde, rabais, etc.) ou de parution de vos publicités.

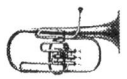 *Présentez votre calendrier des activités de publicité et de promotion.*

La publicité et la promotion sont des activités qui amèneront des clients à votre entreprise. Il y a cependant un coût à payer. Dans votre recherche d'information, vous devez donc vous informer des coûts associés aux divers médias et moyens que vous utiliserez pour rejoindre votre clientèle.

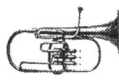 *Présentez les coûts du programme.*

Enfin, comme tout bon gestionnaire, vous devez évaluer le rendement de votre publicité et de votre promotion. Il s'agit ici de déterminer les moyens que vous comptez prendre afin de vous assurer que votre publicité et vos promotions atteignent les objectifs que vous aurez fixés; par exemple, demandez à vos clients comment ils ont entendu parler de votre entreprise ou comparez votre chiffre d'affaires avant et après votre campagne publicitaire.

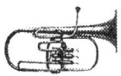 *Spécifiez quel mécanisme vous vous proposez de mettre en place afin de contrôler le rendement de votre campagne de publicité et de promotion.*

6.4 LA STRATÉGIE DE DISTRIBUTION

Dans le cas des entreprises manufacturières, il s'agit de décrire la façon dont le produit se rendra au marché cible. Plusieurs options se présentent à vous, dont celles utilisées par la concurrence. Parmi ces possibilités, vous pouvez vendre directement à votre marché cible, soit par le biais d'un centre de vente directement à l'usine, soit en utilisant des catalogues. Vous pouvez aussi vendre à un ou plusieurs grossistes qui, eux, vendront vos produits à des détaillants. Vous pouvez vendre vous-même aux détaillants, directement ou à l'aide d'une équipe de vendeurs. Finalement, vous pouvez ouvrir vos propres succursales de vente.

Ce choix doit être fait après avoir évalué les méthodes utilisées par la concurrence, étudié les règles du jeu dans le secteur d'activité et posé directement la question à votre marché cible lors de votre étude de marché. En fait, il s'agit de déterminer où le marché cible s'attend à retrouver votre produit.

Prenez cependant note que plus il y a d'intermédiaires entre vous et le client final, plus le prix de vente de votre produit sera élevé et plus votre marge bénéficiaire sera réduite. En effet, chaque intermédiaire sera rémunéré selon un pourcentage convenu à l'avance. Ce pourcentage dépendra non seulement de ce qui se fait normalement dans le secteur, mais aussi du succès potentiel de votre produit, d'où l'importance de votre étude de marché qui vous servira à convaincre les distributeurs, grossistes et détaillants d'offrir votre produit.

Si vous prévoyez utiliser un réseau de distribution, il vous faudra, dans le plan d'affaires, identifier les intervenants possibles et spécifier les critères de sélection qui vous permettront de choisir le ou les intervenants les mieux adaptés à votre situation. Ces critères sont reliés, entre autres, à l'expérience, à la crédibilité, à la couverture du marché, aux possibilités de service après-vente et aux délais de livraison.

Enfin, comme dans le cas de la publicité et de la promotion, vous devez vous donner des moyens d'évaluer si le réseau de distribution choisi atteint bien les objectifs que vous lui avez fixés : Les produits se rendent-ils bien à destination ? La facturation est-elle adéquate ? Les produits sont-ils livrés en bon état ?

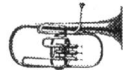
Spécifiez les réseaux de distribution que vous vous proposez d'utiliser. Comptez-vous faire de la vente directe ou avoir votre propre force de vente ? Pensez-vous passer par l'intermédiaire de détaillants ? de grossistes ? Allez-vous utiliser des agents manufacturiers ? Comptez-vous implanter vos propres succursales de vente ?

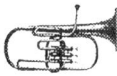 *Si vous pensez utiliser votre propre force de vente, des agents manufacturiers ou autres, indiquez vos critères de sélection des candidats, le nombre nécessaire, la méthode de rétribution envisagée, etc.*

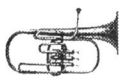 *Décrivez comment vous allez développer ce réseau.*

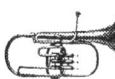 *Établissez les marges de profits consenties aux divers intervenants dans le réseau.*

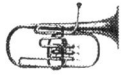 *Décrivez comment vous allez évaluer l'efficacité de votre réseau de distribution.*

6.5 LA POLITIQUE DE SERVICE APRÈS-VENTE ET DE GARANTIE

Quand un consommateur ou un membre du réseau de distribution achète un produit ou utilise un service, il s'attend à ce qu'il y ait une garantie et un service après-vente rattachés à son achat. Selon la nature du produit ou du service, la garantie et le service après-vente seront différents. Échanger un produit défectueux avant la fin d'une période prédéfinie et remettre de l'argent ou un crédit applicable à un prochain achat sont des exemples de garantie. Installer un produit complexe, former les gens à l'utilisation d'un produit ou d'un service, en assurer la réparation en cas de bris, faire de l'entretien préventif sont autant d'exemples de service après-vente.

L'important est d'offrir au moins autant que la concurrence et, pour se distinguer encore davantage, d'offrir plus.

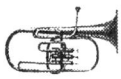 *Décrivez votre politique de service après-vente et votre politique de garantie.*

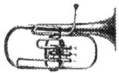 *Indiquez si ces politiques diffèrent de celles des concurrents et comment.*

6.6 LE SOMMAIRE DES COÛTS DE MARKETING

Tout comme le plan de localisation, le plan de marketing implique des coûts pour l'entreprise, tant des coûts de démarrage que des coûts fixes et variables. Parmi les coûts de démarrage, mentionnons :
- l'enseigne extérieure et la préparation de la vitrine, le cas échéant ;
- l'impression de sacs ou d'emballages aux couleurs de l'entreprise ;
- les coûts de la campagne publicitaire d'ouverture de l'entreprise.

Les coûts fixes associés au plan de mise en marché peuvent être :
- les salaires de base incluant les avantages sociaux des vendeurs ;
- les dépenses mensuelles ou annuelles prévues pour la publicité ;
- les salaires des techniciens ou réparateurs afin d'assumer la politique de garantie et de service après-vente ;
- les frais de déplacements afin de rencontrer les clients potentiels ;
- etc.

Enfin, les coûts variables associés directement au plan de mise en marché sont généralement :
- les commissions sur ventes des vendeurs ou des membres du réseau de distribution ;
- les remises consenties aux bons clients ;
- les réductions et les soldes ;
- les reprises de marchandise défectueuse, sa réparation ou son échange ;
- les frais reliés à l'entreposage des produits finis ;
- les frais d'expédition, de distribution et de transport ;
- etc.

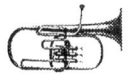 *Montrez le détail des coûts engagés pour réaliser le plan de marketing.*

Une fois cette section rédigée, mettez en annexe du plan d'affaires tout document pouvant attester vos dires et influencer favorablement le lecteur.

Exemple de la boutique **Viens bouquiner**

6 LE PLAN DE MARKETING

6.1 La description du produit ou du service

La stratégie de produit s'appuie sur les forces à exploiter pour les livres d'occasion soit leur bonne condition, leur propreté et un choix attentif et professionnel des titres et genres littéraires. Dans la mesure du possible, mon objectif est de tenir en stock les livres les plus en demande, soit les romans, les biographies, les autobiographies et les livres à succès.

Afin de m'assurer que les livres mis en vente seront en bonne condition, je procéderai à une inspection minutieuse avant l'achat et, dans le cas de réparation mineure, je réparerai la reliure afin de la solidifier.

Le livre, qu'il soit usagé ou neuf, répond à plusieurs besoins auprès de la clientèle. Pour certains, c'est un moyen de détente ou d'évasion ; pour d'autres, c'est un instrument d'apprentissage, de référence ou de culture. Quoique le secteur du livre soit un secteur économique que l'on peut considérer comme étant à maturité, l'arrivée de nouveaux titres, de nouveaux auteurs permet de garder l'intérêt de la clientèle cible pour ce produit. Toutes ces considérations se retrouveront dans mes efforts de publicité et de promotion, de même que dans l'ambiance que je veux créer à l'intérieur de la boutique.

6.2 Le prix de vente

Les pratiques dans le secteur d'activité indiquent que les livres d'occasion doivent être vendus au moins le double de ce qu'ils ont été payés afin d'obtenir une marge bénéficiaire brute d'environ 50 %. De plus, ils doivent être vendus à moitié prix d'un livre neuf, afin que l'achat d'un livre d'occasion soit jugé économique par la clientèle. Tous les achats se feront en argent comptant, dans un sens ou dans l'autre. Aucun crédit ne sera fait à la clientèle, mais des mises de côté seront possibles, avec un dépôt de 20 % du prix du livre. Cette politique de prix s'appliquera pendant la première année, et je verrai par la suite à l'ajuster selon les réactions du marché.

Par exemple, si un livre se vend normalement 19,95 $, il se vendra 10,00 $ dans ma boutique. J'aurai payé ce même livre 5,00 $.

Cette façon de fixer les prix semble la norme dans le secteur du livre d'occasion quoique, en comparaison, mes prix de vente soient légèrement plus élevés que ceux de la concurrence. Les concurrents établis depuis plus longtemps peuvent se permettre de fixer des prix plus bas. Par contre, il est difficile pour la clientèle de « magasiner » les prix pour les livres d'occasion, les stocks étant très différents d'une boutique à l'autre. Les bouquineurs cherchent les bonnes occasions et à 50 % du prix de vente normal, pour un livre propre et en bonne condition, c'est une aubaine.

6.3 La publicité et la promotion

Ma stratégie de publicité et de promotion repose sur une couverture constante du marché, que ce soit par le biais des journaux, de dépliants distribués dans les boîtes aux lettres, de signets glissés dans les livres vendus et, naturellement, du bouche à oreille de la part des clients satisfaits.

Par un choix judicieux des médias utilisés, je compte atteindre la majorité de ma clientèle cible durant la première année. La seule limite à l'atteinte de cet objectif est le coût associé à une couverture médiatique d'envergure.

6.3.1 Les promotions

Pendant le premier mois à compter de l'ouverture de la boutique, je compte offrir un 2 pour 1 : les clients paient le plus cher des deux livres désirés. Le but de cette promotion est de faire connaître la boutique et d'y attirer la clientèle. Le coût de cette promotion diminuera la marge bénéficiaire brute du premier mois d'exploitation alors qu'elle sera d'environ 25 % plutôt que de 50 %.

À chaque achat, j'insérerai dans l'un des livres achetés un signet à l'effigie de la boutique Viens bouquiner. Ce signet servira à rappeler aux clients l'endroit où ils se sont procuré le volume qu'ils ont eu tant de plaisir à lire... et à y revenir. Ils pourront aussi offrir le signet à un ami, élargissant ainsi le nombre de personnes connaissant le nom de ma boutique.

L'impression de 10 000 signets en carton rigide et plastifié me coûtera 500 $ selon une soumission reçue de l'Imprimerie générale de Trois-Rivières.

Le signet de même que la majorité des messages publicitaires insisteront sur le fait que la boutique Viens bouquiner achète et vend des livres d'occasion en bonne condition.

6.3.2 La publicité

Comme il a été mentionné précédemment, l'ensemble de la campagne publicitaire insistera sur les deux points suivants :

- Une nouvelle boutique de livres d'occasion à Trois-Rivières.

- La possibilité de vendre et d'acheter des livres d'occasion en bonne condition, dans une atmosphère agréable et classique.

Le premier point fera surtout l'objet des messages transmis pendant les premiers mois d'activité. Par la suite, le deuxième point sera prioritaire dans toutes les communications publicitaires de l'entreprise.

Afin de joindre la clientèle et d'établir un budget, j'ai élaboré un calendrier des activités publicitaires qui tient compte de l'ouverture prévue de la boutique le 5 mai 1997.

DATE DE DÉBUT	DATE DE FIN	ACTIVITÉS
97-04-29	97-05-05	10 000 dépliants distribués dans les boîtes aux lettres (1)
97-05-05	97-06-03	Publicité d'ouverture dans *Le Nouvelliste* (2)
Septembre	Avril	Publicité dans les journaux scolaires (3)
Annuel		Publicité mensuelle dans *Le Nouvelliste* (2)

(1) L'impression du dépliant est de 200 $, selon une soumission de CopiExpress. Avec 10 000 copies, je compte atteindre 140 rues. La distribution sera assurée par mes cousins et cousines pour 500 $.

(2) La publicité dans *Le Nouvelliste*, pour un espace de 12 cm sur 6 cm, contenant environ 40 mots, coûte 200 $. Pour trois parutions par semaine (mardi, mercredi et jeudi), le coût est de 550 $. La publicité d'ouverture s'étalera sur 4 semaines pour un coût total de 2 200 $. Par la suite, les parutions mensuelles pour 11 mois à 200 $ nécessiteront aussi un budget de 2 200 $.

(3) Je ferai paraître la publicité dans les journaux scolaires *L'En-tête*, de l'UQTR, et *La Griffe*, du Cégep de Trois-Rivières. Dans *L'En-tête*, j'annoncerai deux fois par mois, de septembre à avril (8 mois), à raison d'une annonce de 12 cm sur 6 cm à un coût unitaire de 60 $. Le budget total pour *L'En-tête* est de 960 $. Dans *La Griffe*, pour un même calendrier, le coût total est de 448 $.

Le coût total du programme de publicité est donc de 6 508 $. Si nous ajoutons le coût des signets (500 $), nous arrivons à un budget total pour la publicité et la promotion de 7 008 $, auquel montant nous devons ajouter l'effet de la diminution de la marge bénéficiaire brute lors de la promotion d'ouverture.

Afin de vérifier si la campagne publicitaire fonctionne bien, je demanderai à tous les acheteurs où ils ont entendu parler de la boutique Viens bouquiner. J'inscrirai les résultats dans un cahier à cet effet. Au bout de trois mois, je vérifierai si une forme ou une autre de publicité n'apporte pas les résultats escomptés. Je changerai alors de tactique.

6.4 La stratégie de distribution

La stratégie de distribution n'est pas très compliquée : il s'agit tout simplement de trouver un local approprié et d'y faire la vente directe auprès de la clientèle.

6.5 La politique de service après-vente et de garantie

Considérant la nature de l'entreprise, les livres seront achetés tels qu'ils seront vus et toute vente sera ferme.

6.6 Le sommaire des coûts de marketing

Les frais de démarrage associés au plan de marketing sont les suivants :

Enseigne extérieure	350 $
Impression des signets	500 $
Impression et distribution des dépliants	700 $
Publicité de départ dans *Le Nouvelliste*	2 200 $
Total	3 750 $

En ce qui concerne les frais fixes prévus pour la première année, il s'agit notamment du calendrier de publicité suivant :

Le Nouvelliste, 11 mois à 200 $	2 200 $	(annuel)
L'Entête, 8 mois à 120 $	960 $	(de septembre à avril)
La Griffe, 8 mois à 56 $	448 $	(de septembre à avril)
Total annuel	3 608 $	

Frais variables

Les frais variables sont notamment la perte sur la marge bénéficiaire brute causée par le 2 pour 1 durant le premier mois d'activité. J'estime la valeur de cette perte à 4 000 $. Je prévois aussi 0,5 % de perte moyenne sur les ventes, perte causée par l'achat de livres trop abîmés pour être réparés ou par le vol. Pour la première année, j'estime à 474 $ le montant de cette perte sèche.

Les applications propres à mon projet

Éléments de contenu du plan d'affaires	Cet élément s'applique-t-il à mon projet ?	Date d'échéance pour cette étape	Sources d'information à utiliser
Description détaillée du produit ou du service (caractéristiques physiques)			
Stade de développement du produit ou du service			
Utilisation du produit ou du service			
Avantages concurrentiels du produit ou du service			
Description détaillée des propriétés intellectuelles			
Cycle de vie du produit ou du service et développement futur			
Objectifs visés par chacun des produits ou des services			
Stratégie d'entrée sur le marché et de croissance pour les produits ou les services			
Force du produit ou du service à exploiter pour chacune des clientèles			
Politique de prix de vente			
Base de la détermination du prix de vente			
Comparaison de votre prix de vente avec celui de la concurrence			
Objectifs publicitaires			
Contenu de la communication			
Médias utilisés			
Autres techniques de vente			
Moyens de publicité gratuite			
Calendrier des activités de publicité et de promotion			
Coûts du programme de publicité			
Mécanisme de contrôle du rendement de la campagne de publicité			

Éléments de contenu du plan d'affaires	Cet élément s'applique-t-il à mon projet ?	Date d'échéance pour cette étape	Sources d'information à utiliser
Description du ou des réseaux de distribution			
Description de la force de vente et des intermédiaires de vente utilisés			
Développement du réseau de distribution			
Marges de profits consenties aux membres du réseau			
Évaluation de l'efficacité du réseau			
Politique de service après-vente et de garantie et comparaison avec la concurrence			
Sommaire des coûts de démarrage			
Sommaire des coûts fixes			
Sommaire des coûts variables			

CHAPITRE 7

Le plan des opérations

Comment allez-vous faire ?

Le présent chapitre porte sur les opérations de votre entreprise. Comment allez-vous fabriquer votre produit, rendre votre service ou vendre les biens de consommation offerts dans votre commerce ? Il s'agit de prévoir les moyens matériels dont vous aurez besoin pour fonctionner et de convaincre le lecteur que tous ces biens ou équipements sont disponibles à un coût raisonnable.

La structure du plan des opérations pourra varier selon que le projet d'entreprise envisagé œuvre dans le secteur manufacturier, dans le secteur commercial ou dans le secteur des services. Par exemple, dans la plupart des entreprises de services, cette section du plan d'affaires sera plus brève. En effet, n'ayant généralement pas besoin de matières premières ou de biens à vendre, celles-ci pourront aborder le présent chapitre à partir du point 7.3; elles auront alors la possibilité d'adapter les questions posées à leur propre situation et d'y décrire les modalités de prestation du service. Elles pourront également utiliser ce chapitre pour lister les fournisseurs de divers biens ou services dont elles auront besoin en sous-traitance ou encore pour soutenir la prestation de leur service (papeterie, traduction, livraison, etc.).

En fait, l'objectif principal du plan des opérations est de déterminer les matières premières nécessaires à la réalisation de la mission de l'entreprise et de décrire les installations, les aménagements et les équipements qui sont requis. Encore ici, les résultats de votre étude de faisabilité seront très utiles à la rédaction de cette portion de votre plan d'affaires.

7.1 LES BESOINS ET LA DISPONIBILITÉ DES MATÉRIAUX ET DES FOURNITURES

Dans le cas des entreprises manufacturières, vous présentez ici les matières premières, les produits semi-finis ou les fournitures nécessaires à la fabrication de votre propre produit. Vous devez aussi présenter la liste des fournisseurs potentiels en indiquant les conditions de paiement et de livraison qu'ils vous offrent. Vous devez évaluer la quantité nécessaire pour démarrer l'entreprise de même que les stocks moyens que devra conserver l'entreprise afin de répondre à la demande.

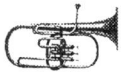 *Déterminez les matières premières, les produits semi-finis et les fournitures requis pour démarrer l'entreprise. Évaluez pour chacun les quantités nécessaires et le coût total au démarrage.*

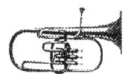 *Discutez de leur disponibilité, tant en quantité qu'en qualité, de même que de leur coût.*

 *Discutez des programmes d'approvisionnement (achat), des délais de livraison, des stocks requis au démarrage et pour les opérations de l'entreprise. Discutez aussi de la possibilité d'économies d'échelle à l'achat de plus grandes quantités.*

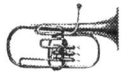 *Désignez les principaux fournisseurs et discutez des règles du jeu dans le secteur. Existe-t-il plusieurs fournisseurs pour les matériaux envisagés ou, au contraire, dépendrez-vous d'un fournisseur unique ? Y a-t-il possibilité de substituer un matériau par un autre ? Pouvez-vous vous engager à long terme ou avez-vous la possibilité de commander que lorsque vous en avez besoin ?*

7.2 LES BESOINS ET LA DISPONIBILITÉ DES BIENS À REVENDRE

Dans le cas des entreprises commerciales, vous devez présenter les biens nécessaires à la revente. Vous devez aussi présenter la liste des fournisseurs potentiels, en indiquant les conditions de paiement et de livraison qu'ils vous offrent. Vous devez évaluer la quantité nécessaire pour démarrer l'entreprise de même que les stocks moyens que devra conserver l'entreprise afin de répondre à la demande.

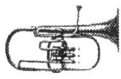

Identifiez les biens à revendre de même que les quantités nécessaires pour répondre à la demande pour l'ouverture de votre entreprise et les premiers mois d'activité de celle-ci. Évaluez aussi le coût total de cet inventaire de départ.

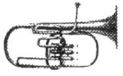

Discutez de leur disponibilité, tant en quantité qu'en qualité, de même que de leur coût.

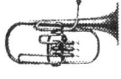

Discutez des programmes d'approvisionnement, des délais de livraison, des stocks moyens requis, de la possibilité d'économies d'échelle à l'achat de plus grandes quantités.

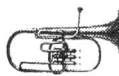

Désignez les principaux fournisseurs et discutez des règles du jeu dans le secteur. Existe-t-il plusieurs fournisseurs pour les biens requis ou, au contraire, reposez-vous sur un fournisseur unique ? Y a-t-il possibilité de substituer un bien par un autre ? Pouvez-vous vous engager à long terme avec vos fournisseurs ou pouvez-vous acheter selon vos besoins ?

7.3 LA DESCRIPTION DE LA TECHNOLOGIE ET DU PROCESSUS DE FABRICATION OU D'EXPLOITATION

La technologie utilisée, qu'elle soit pour une fabrication de masse, une fabrication sur commande, une fabrication de processus ou la prestation d'un service complexe, influence grandement la nature des aménagements, de l'équipement et de la main-d'œuvre. Nous discuterons de ce dernier point dans le chapitre sur le plan des ressources humaines.

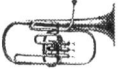 *Décrivez la technologie utilisée. Êtes-vous propriétaire de votre technologie ou fabriquez-vous sous licence d'une autre organisation ? Incluez en annexe toute entente écrite avec l'organisation qui vous offre cette licence.*

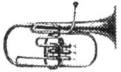 *Dans le cas où vous désirez acheter une franchise ou encore signer un contrat de distribution exclusive, vous devez décrire ici les principales clauses du contrat de franchisage ou de distribution. Joignez une copie de toute entente en annexe.*

Par processus de fabrication ou d'exploitation, nous entendons les étapes nécessaires pour fabriquer votre produit ou rendre votre service. Dans le cas des entreprises manufacturières, il décrit toutes les étapes et les transformations nécessaires afin d'obtenir le produit fini. Pour ce qui est des services, ce processus comprend toutes les étapes de prestation. Enfin, dans le cas des commerces de détail, on y décrit les manipulations des produits à revendre comme l'étiquetage et la mise en étalage.

 *Décrivez le processus de fabrication ou d'exploitation.*

7.4 L'AMÉNAGEMENT DU LOCAL ET L'ÉQUIPEMENT REQUIS

Pour répondre à la demande et appliquer le processus de fabrication ou d'exploitation, vous aurez besoin d'un local bien aménagé de même que d'équipement et d'outillage. Il s'agit ici de décrire le plus précisément possible tout ce dont vous aurez besoin pour atteindre vos objectifs.

Dans un premier temps, faites la liste de l'équipement et de l'outillage requis ; par exemple : machine X, système informatique Y, étagères, mobilier de bureau, camion de livraison, outillage pneumatique, caisse enregistreuse, etc. N'oubliez pas d'inclure les taxes de vente au coût d'achat et de bien identifier vos fournisseurs.

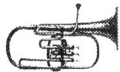 *Faites la liste et une description de l'équipement et de l'outillage requis. Indiquez les sources d'approvisionnement, les quantités nécessaires, les délais de livraison. Indiquez si l'équipement et l'outillage sont neufs ou usagés et notez le coût.*

Prenez le temps de planifier la façon dont sera aménagé votre local. Dans le cas des entreprises commerciales, vous devez présenter un plan d'aménagement indiquant les endroits où seront mis en montre vos produits, où sera située la caisse enregistreuse, comment se fera la circulation, où seront les salles d'essayage, l'entrepôt, etc. Pour les entreprises de services, ce plan d'aménagement indiquera aussi où seront situés la salle d'attente et les bureaux de consultation et comment se fera la circulation. Dans le cas des entreprises manufacturières, vous y indiquerez l'emplacement des diverses pièces d'équipement, la façon dont circuleront les produits et les matières premières à l'intérieur de votre « usine », où seront entreposés les produits finis et les matières premières. Dans le corps du plan d'affaires, vous faites une description sommaire de ce plan et, en annexe, vous présentez les devis et les plans reliés à votre aménagement.

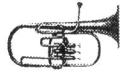 *Décrivez votre plan d'aménagement.*

7.5 LA GESTION DES OPÉRATIONS

Dans cette section de votre plan d'affaires, vous devez décrire votre système de gestion des opérations et nous ne pouvons discuter de ce sujet sans parler de qualité totale. En effet, aujourd'hui, aucune entreprise ne peut laisser ce concept de côté puisque la satisfaction du client passe par la qualité du produit ou du service qu'il se procurera.

La qualité totale représente l'ensemble des actions, des techniques et des moyens utilisés par les différents acteurs d'une entreprise, des employés aux dirigeants, pour obtenir une production qui réponde aux exigences de qualité de la clientèle, et ce, au moindre coût possible.

Parmi ces techniques et moyens, les plus connus et les plus utilisés sont les normes de qualité de l'*International Standards Organization* (ISO) et le juste-à-temps. Voyons de quoi il en retourne.

La norme de qualité ISO, comme la série ISO 9000, est composée de principes, de concepts et de programmes visant à accroître la qualité des opérations d'une entreprise, qu'elle soit déjà en exploitation ou en démarrage. Il s'agit d'un guide de procédures, de façons de faire, qui donne une assurance qualité à l'entreprise qui s'y conforme. Les normes d'assurance qualité établies par ISO se retrouvent dans environ 90 pays. Une accréditation ISO constitue un avantage compétitif pour les entreprises qui cherchent à obtenir des contrats de sous-traitance.

Notez cependant qu'une accréditation ISO peut facilement coûter plus de 50 000 $. Cet investissement peut être nécessaire dans le cas où vous désiriez faire des affaires avec des entreprises comme Cascades, Bombardier, Vidéotron, Hydro-Québec et Bell Canada, puisque celles-ci exigent que leurs fournisseurs se conforment à des normes d'assurance qualité.

L'organisme québécois qui a le pouvoir de certifier qu'une entreprise respecte les normes internationales ISO est le Bureau de normalisation du Québec (BNQ). Vous pouvez trouver les coordonnées de cet organisme auprès de Communication-Québec ou du bureau régional du ministère de l'Industrie, du Commerce, de la Science et de la Technologie du Québec.

En ce qui concerne le juste-à-temps, il peut se résumer à acheter ou produire ce dont on a besoin, au moment où l'on en a besoin. Cette façon de procéder permet de garder les stocks au minimum, de réduire ainsi les coûts, notamment d'entreposage et de manipulation, de limiter le gaspillage, le tout dans l'objectif d'augmenter la compétitivité de l'entreprise. Encore ici, l'application du principe juste-à-temps devient un avantage compétitif important pour toute entreprise désirant obtenir des contrats de sous-traitance.

Outre votre programme d'assurance qualité, qui s'applique dans tous les secteurs d'activité, le système de planification et de contrôle de la production comprend la façon dont vous allez traiter les commandes de vos clients, de la réception jusqu'au moment où le client recevra son produit ou son service. Dans le cas des entreprises commerciales, il s'agit de décrire le traitement qui sera réservé à la marchandise à revendre, à compter du moment où elle entrera dans votre entrepôt jusqu'au moment où le client repartira avec son achat. Pour ce qui est des services, il faudra décrire la façon dont seront traitées les demandes de la clientèle, à compter du moment où le client « achète » jusqu'au moment où la prestation du service sera terminée.

Il vous faudra spécifier et décrire les documents qui accompagneront vos produits ou vos services (bons de commande, bons de production, factures, contrats ou autres) et expliquer qui en aura la responsabilité.

Il s'agit aussi d'expliquer la façon dont vous connaîtrez les quantités de biens disponibles à la revente, de matières premières disponibles à la transformation et de produits finis disponibles dans vos entrepôts, de même que la façon (quand et comment) dont vous achèterez de nouveaux stocks.

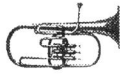
Décrivez votre système de planification et de contrôle de production, votre système de gestion des approvisionnements et de gestion des stocks, de même que votre système de contrôle ou d'assurance qualité.

7.6 LE SOMMAIRE DES COÛTS DES OPÉRATIONS

Vous pouvez maintenant faire le sommaire des coûts associés au plan des opérations. En ce qui concerne les frais de démarrage, vous pouvez y inclure des éléments comme :
- le coût à l'achat de l'équipement et de l'outillage requis ;
- le coût des rénovations ou de l'aménagement ;
- le coût de l'inventaire de biens, de matières premières ou de fournitures nécessaires au démarrage ;

- le coût d'acquisition de la technologie ou d'un droit de franchise ;
- le coût de l'implantation du système d'assurance qualité et du système de gestion de la production ;
- etc.

Les frais fixes associés au plan des opérations peuvent être :
- le programme d'entretien préventif de l'équipement et de l'outillage ;
- l'entretien des bâtiments ;
- l'amortissement de l'équipement et de l'outillage ;
- les coûts de chauffage ;
- les frais de téléphone et d'interurbains ;
- les salaires de supervision et autres salaires indirects (non reliés à la production) ;
- les assurances sur les biens, l'équipement et les stocks ;
- etc.

Enfin, les coûts variables associés au plan des opérations sont généralement :
- le programme d'achat de biens à revendre, de matières premières ou de fournitures ;
- les coûts en énergie pour la production ;
- les coûts non couverts par le programme d'entretien préventif en cas de bris de l'équipement ou de l'outillage ;
- les salaires à la production (nous y reviendrons dans le chapitre 9) ;
- etc.

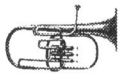
Faites le sommaire des coûts reliés à votre plan des opérations.

Une fois cette section rédigée, mettez en annexe du plan d'affaires tous les documents pouvant attester vos dires et influencer favorablement le lecteur.

Exemple de la boutique **Viens bouquiner**

7 LE PLAN DES OPÉRATIONS

7.1 Le besoin et la disponibilité des biens à revendre

Pour débuter, j'aurai besoin de stocks de livres d'occasion à revendre. Je commencerai par mettre en vente une partie de mes livres personnels (300). Je parcourrai ensuite les marchés aux puces et j'organiserai une collecte de livres auprès de mes amis et de ma famille afin de recueillir le plus de livres possible. Enfin, dès le début de la campagne publicitaire, j'inviterai les gens à venir me vendre leurs livres. Si, durant les opérations, je constate que l'approvisionnement venant de la clientèle n'est pas suffisant pour maintenir les stocks, je continuerai à visiter les marchés aux puces pour m'approvisionner.

Je crois qu'il y a une grande disponibilité de livres d'occasion ; souvent, les gens achètent des livres et, une fois qu'ils les ont lus, ils désirent s'en débarrasser, tant pour des raisons d'espace de rangement que pour des raisons économiques.

Mon objectif est d'avoir 10 000 livres d'occasion en stock. Si l'on considère un coût moyen de 2,25 $ du livre usagé acheté, l'inventaire de départ s'élèverait à 22 500 $.

Ce coût moyen a été obtenu en posant comme hypothèse que le coût moyen d'achat d'un livre est de 9,00 $. Si je veux le vendre à 50 % de son prix de vente lorsqu'il est neuf, je dois donc le vendre 4,50 $. Pour obtenir une marge bénéficiaire brute de 50 %, je dois donc le payer 2,25 $.

7.2 La description de la technologie utilisée et du processus d'exploitation

Le seul élément technologique de mon entreprise est un micro-ordinateur qui me servira de caisse enregistreuse et de système de contrôle des stocks. Je ferai aussi ma comptabilité et le contrôle de la trésorerie (entrées et sorties de fonds). Si je ne trouve pas de logiciel approprié, je devrai faire programmer mon ordinateur en conséquence, notamment pour le contrôle des stocks. J'estime à 5 000 $ le coût d'achat de l'ordinateur, d'une imprimante et des logiciels.

7.3 L'aménagement du local et l'équipement requis

Pour débuter, j'ai besoin d'étagères et d'un comptoir qui servira aussi de surface de travail pour la mise en condition des livres et pour les tâches de gestion. J'aurai aussi besoin d'étagères afin de couvrir trois murs de la boutique de même qu'une bonne partie de la surface de plancher.

Le local mesurant 1 500 pi^2, j'estime à 350 pieds linéaires les tablettes murales. En ce qui a trait aux étagères de surface, j'estime mes besoins à environ 500 pi^2, laissant ainsi quelque 300 pi^2 pour l'espace de circulation et le comptoir-caisse. Notez que les étagères seront construites, gracieusement, par mes frères.

Les coûts associés à l'aménagement du local, incluant les coûts déjà prévus, sont les suivants :

Bois et clous pour le comptoir	500 $
Bois et clous pour les étagères	1 500 $
Lampes halogènes (11)	275 $
Tabouret	25 $
Peinture et teinture	700 $
Total des coûts d'aménagement	3 000 $

Les matériaux de construction et les lampes seront achetés dans l'une ou l'autre des entreprises spécialisées de la région. Pour le tabouret, comme pour la majorité des articles de bureau, j'irai magasiner dans l'une ou l'autre des papeteries qui offrent ces produits.

7.4 La gestion des opérations

La gestion des opérations relève surtout de la gestion des stocks. Chaque livre acheté sera entré dans le système informatique à l'aide du numéro ISBN (International Standard Book Numerotation) qui se retrouve sur tous les livres imprimés à plus de 100 exemplaires. Lors de la vente, j'indiquerai ce numéro et le logiciel le déduira automatiquement des stocks. Comme un tel système n'est pas parfait (oublis ou vols), je devrai, sur une base mensuelle, faire un inventaire manuel des livres.

7.5 Le sommaire des coûts du plan des opérations

J'estime les frais de démarrage à :

Inventaire de départ	22 500 $
Ordinateur, imprimante et logiciels	5 000 $

Aménagement du local

Bois et clous pour le comptoir	500 $
Bois et clous pour les étagères	1 500 $
Lampes halogènes (11)	275 $
Tabouret	25 $
Peinture et teinture	700 $
Total	3 000 $
Équipement de bureau	1 000 $
Fournitures de réparation de livres abîmés	500 $
Fournitures de bureau	500 $
Dépôt pour le téléphone	200 $
Total des frais de démarrage	32 700 $

Dans le plan des opérations, les frais fixes se reportent notamment aux amortissements sur les biens durables. Les assurances et la provision pour le vol à l'étalage ont déjà été prévues dans d'autres sections du plan d'affaires. Les amortissements, incluant l'enseigne extérieure, ont été calculés sur une base de 20 % par année, la première année étant admissible à seulement la moitié de la dépense :

Biens	Coût	Taux	Dépenses		
			An 1	An 2	An 3
Ordinateur	5 000 $	20 %	500 $	900 $	720 $
Aménagement	3 000 $	20 %	300 $	540 $	432 $
Équipement de bureau	1 000 $	20 %	100 $	180 $	144 $
Enseigne extérieure	350 $	20 %	35 $	63 $	52 $
Total annuel			935 $	1 683 $	1 348 $
Amortissement accumulé			935 $	2 618 $	3 964 $

Les assurances couvrant l'équipement ont été incluses dans le plan de marketing, puisque les soumissions reçues des assureurs couvraient l'ensemble des opérations de l'entreprise. En ce qui a trait aux frais de téléphone, ils ont été estimés à 600 $ par année. J'ai estimé à 120 $ les frais de poste et de messagerie.

En ce qui concerne les frais variables, comme il faut conserver un inventaire moyen de 10 000 livres, ou 22 500 $, les achats seront effectués, dans la mesure du possible, à raison de 50 % des ventes mensuelles.

CHAPITRE 7

Les applications propres à mon projet

Éléments de contenu du plan d'affaires	Cet élément s'applique-t-il à mon projet ?	Date d'échéance pour cette étape	Sources d'information à utiliser
Nature et quantité des matières premières, produits semi-finis, fournitures ou biens à revendre requis au démarrage			
Disponibilité et coût de ces biens			
Programme d'approvisionnement			
Identification des fournisseurs			
Technologie utilisée			
Contrat de franchise ou de distribution			
Processus de fabrication ou d'exploitation			
Description de l'équipement et de l'outillage requis			
Fournisseurs et coût de l'équipement et de l'outillage			
Plan d'aménagement			
Système de planification et de contrôle des opérations			
Système de gestion des approvisionnements			
Système de gestion des stocks			
Programme d'assurance qualité			
Sommaire des coûts de démarrage			
Sommaire des coûts fixes			
Sommaire des coûts variables			

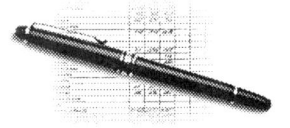

CHAPITRE 8

Le plan écologique

Présentez-vous des risques pour l'environnement ?

La prise de conscience par la société de l'importance de l'environnement écologique amène de plus en plus les entreprises à être conscientes de leurs responsabilités sociales à cet égard. Nous suggérons que tout plan d'affaires fasse état des impacts que l'exploitation de l'entreprise aura sur l'environnement et des moyens utilisés pour en contrer les effets négatifs. Les institutions financières exigent maintenant que cette dimension soit couverte par le plan d'affaires. En effet, la loi indique que l'établissement financier prêteur pourrait être tenu conjointement responsable de tout dommage écologique causé par l'entreprise qu'il aurait financée.

Afin de vérifier les lois ou les règlements concernant l'environnement qui pourraient s'appliquer à votre projet d'entreprise, communiquez avec le bureau régional du ministère de l'Environnement. Vous trouverez les coordonnées de ce ministère dans les pages bleues de l'annuaire téléphonique. Ce chapitre vous permettra de faire le tour des risques que pourrait représenter votre entreprise pour l'environnement et des moyens que vous devez prendre pour diminuer ces risques.

8.1 LES RISQUES ÉCOLOGIQUES ET ENVIRONNEMENTAUX

La première étape de l'élaboration du plan écologique est d'identifier les risques potentiels que représente votre entreprise pour l'environnement. Vous aurez fait le point sur ces risques dans l'analyse du secteur d'activité. Il vous faudra ensuite faire valoir vos plans afin de diminuer ces risques.

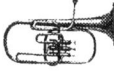

Discutez des impacts que l'exploitation de l'entreprise aura sur le plan de la pollution de l'air, de l'eau, par le bruit ou par la disposition des déchets. Discutez de ces impacts tant à l'intérieur des murs de l'entreprise qu'à l'extérieur.

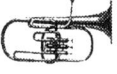

Discutez des plans mis en œuvre pour en éliminer ou en diminuer les effets négatifs, tant à court terme qu'à long terme.

8.2 LES ORGANISMES RÉGLEMENTAIRES

Au Québec, comme au Canada, c'est le ministère de l'Environnement qui est l'organisme réglementaire et qui fait appliquer la loi en ce qui a trait aux entreprises dites polluantes. Dans certaines municipalités, il existe aussi des règlements qu'il vous faudra respecter. Nous vous engageons à vérifier le plus tôt possible auprès du ministère et de la municipalité où vous comptez installer votre entreprise s'il y a des règlements ou des lois s'appliquant particulièrement à votre type de projet.

8.3 LE SOMMAIRE DES COÛTS DU PLAN ÉCOLOGIQUE

Parmi les coûts de démarrage associés au plan écologique, mentionnons l'obtention de permis spéciaux dans certains cas (récupération de pneus, utilisation de produits toxiques, déversement dans les cours d'eau, ainsi de suite) et les frais d'adaptation de votre production afin de disposer des déchets, tant ordinaires que toxiques, de façon sécuritaire pour l'environnement. Le traitement de vos déchets ou rebuts peut aussi faire l'objet de frais variables ou de frais fixes, par exemple la location d'un conteneur ou le transport des déchets dangereux vers un lieu approuvé de disposition ou de destruction. Faites bien le tour de la question, car il peut s'y cacher des coûts importants.

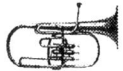 *Faites le sommaire des coûts reliés au plan écologique.*

Une fois cette section rédigée, mettez en annexe du plan d'affaires tous les documents pouvant attester vos dires et influencer favorablement le lecteur.

Exemple de la boutique **Viens bouquiner**

8 LE PLAN ÉCOLOGIQUE

8.1 Les risques écologiques et environnementaux

En ce qui concerne l'impact écologique d'une boutique de livres d'occasion, notons que positivement, elle est à la base une entreprise de réutilisation. Les effets négatifs se résument surtout dans l'utilisation de papier (factures, rapports, petites notes). J'installerai donc une corbeille à récupération pour tous mes rejets de papier. De plus, je privilégierai la réutilisation des sacs : les clients seront invités à apporter leur sac pour y placer leurs nouveaux achats.

8.2 Les lois et règlements environnementaux s'appliquant au projet

Aucune loi ni aucun règlement à teneur environnementale ne s'appliquent au projet.

8.3 Le sommaire des coûts du plan écologique

Aucun coût n'est relié au plan écologique.

CHAPITRE 8

Les applications propres à mon projet

Éléments de contenu du plan d'affaires	Cet élément s'applique-t-il à mon projet ?	Date d'échéance pour cette étape	Sources d'information à utiliser
Impacts écologiques du projet			
Identification des organismes réglementaires dans mon secteur d'activité ou ma région			
Sommaire des coûts de démarrage			
Sommaire des coûts fixes			
Sommaire des coûts variables			

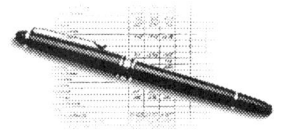

CHAPITRE 9

Le plan des ressources humaines

Avec qui allez-vous le faire ?

Nous avons été amenés, dans le chapitre 3, à présenter l'équipe entrepreneuriale. Vous devez maintenant présenter les autres postes de direction, de même que leurs titulaires, en plus de tous les autres intervenants qui, sans être actifs à temps plein pour l'organisation, lui procurent, sur une base ponctuelle, l'expertise recherchée. Il convient aussi d'identifier les postes opérationnels, techniques et administratifs requis pour l'exploitation de l'entreprise. Ces besoins en ressources humaines ont été identifiés lorsque vous avez fait votre étude de faisabilité.

9.1 LES BESOINS EN MAIN-D'ŒUVRE

9.1.1 La main-d'œuvre

Avant même de partir à la recherche de la main-d'œuvre et des employés nécessaires à vos opérations et de recruter les gens qui occuperont les postes clés dans votre organisation, il faut bien définir vos besoins. Il s'agit de déterminer non seulement le nombre de personnes requis, mais aussi les qualifications ou compétences nécessaires afin de combler les postes.

Prenez note que si votre projet est de nature travail autonome, vous pouvez d'ores et déjà vous rendre au point 9.3 du présent chapitre. Vous y reviendrez au moment où vous planifierez embaucher un ou des employés.

Après avoir fait votre étude de marché afin d'établir la demande, avoir réalisé votre étude de faisabilité afin de déterminer l'équipement et l'outillage requis et planifié les autres sections de votre plan d'affaires, vous devez être en mesure de déterminer et de décrire l'ensemble des tâches à accomplir afin d'atteindre vos objectifs. Ces tâches peuvent relever de la mise en marché, des opérations, de la gestion des ressources humaines et de la gestion des ressources financières. Vous pourrez avoir besoin de vendeurs, d'opérateurs de machinerie, d'informaticiens ou d'autres types de ressources humaines.

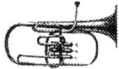 *Relevez l'ensemble des tâches opérationnelles, techniques et administratives à exécuter.*

Il faut aussi déterminer les compétences requises pour accomplir ces tâches, tant au chapitre de la formation que de l'expérience pratique. Il faut vérifier si la région où vous vous installerez vous fournira la main-d'œuvre dont vous aurez besoin et à quel coût. Le cas échéant, vous devrez former cette main-d'œuvre aux opérations propres à votre entreprise ; cette formation implique des coûts pour votre entreprise tant sur le plan des salaires à payer durant cette formation que pour régler les honoraires du formateur. La Société québécoise de développement de la main-d'œuvre (SQDM) et Développement des ressources humaines Canada peuvent vous aider à recueillir l'information nécessaire à la rédaction de cette partie de votre plan d'affaires.

Dans l'étude de faisabilité du projet, vous avez calculé le coût de la main-d'œuvre pour fabriquer votre produit ou rendre votre service. C'est ici que vous devez rapporter cette information.

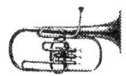 *Déterminez les compétences requises.*

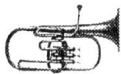
Discutez de la disponibilité de la main-d'œuvre dans le bassin local.

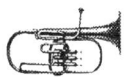
Discutez de tout programme de formation à implanter.

Établissez le niveau des salaires payés et les avantages sociaux (assurances, régimes de retraite, etc.) que vous offrirez à vos employés. Nommez ici les avantages sociaux offerts en surplus des programmes gouvernementaux obligatoires.

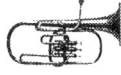
Déterminez le coût de la main-d'œuvre pour produire le bien ou le service.

9.1.2 Les postes clés et la structure de l'entreprise

Cette section du plan d'affaires sert, tout comme la présentation de l'équipe entrepreneuriale, à rassurer le lecteur quant aux compétences des personnes en poste afin d'atteindre les objectifs qui ont été fixés pour l'entreprise. Pour ce faire, déterminez la structure de gestion de votre entreprise et identifiez les personnes qui occuperont les postes clés dans l'organisation.

Dans un premier temps, présentez l'organigramme de l'entreprise. Il s'agit d'expliquer la façon dont l'information circulera entre les diverses personnes ou services de l'entreprise et d'expliquer les relations d'autorité. Pour chacun des postes clés, par exemple le directeur de la production, le gérant des ventes, le vérificateur ou le responsable du marketing, vous devez décrire les fonctions, les champs d'autorité et de responsabilité.

Si les personnes qui détiendront les postes clés sont déjà connues, présentez-les sommairement et ajoutez leur curriculum vitæ en annexe. Indiquez également les salaires et toute autre forme de prestation visant à assurer la fidélité des employés.

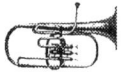 *Présentez l'organigramme de l'entreprise et décrivez les postes clés.*

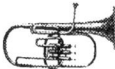 *Présentez les personnes qui occuperont les postes clés en faisant ressortir leurs connaissances, leur expérience professionnelle et la complémentarité de leurs compétences. Incluez leur curriculum vitæ en annexe.*

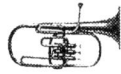 *Déclarez les salaires payés à ces personnes, de même que tout plan de partage de propriété de l'entreprise et plan de partage des bénéfices.*

9.1.3 La philosophie de gestion

Dans toutes les entreprises, il existe, officiellement ou non, une philosophie de gestion, une façon d'entretenir les relations entre les différentes personnes y œuvrant. Chez Cascades, on dit avec fierté : « L'humain avant tout ! » Cette philosophie préside aux décisions qui sont prises dans l'entreprise et qui pourraient avoir un impact sur les ressources humaines œuvrant chez elle.

 *Expliquez votre philosophie de gestion. Privilégierez-vous la participation de vos partenaires dans la prise de décision ? Impliquerez-vous vos employés ? Qu'en sera-t-il du travail d'équipe ?*

9.2 LES ORGANISMES RÉGLEMENTAIRES

Dans certains secteurs d'activité, la construction par exemple, il existe des syndicats et comités paritaires auxquels vos employés devront obligatoirement être inscrits. Informez-vous sur ce sujet et rapportez vos conclusions dans cette section du plan d'affaires.

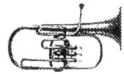 *Selon les normes dans votre secteur d'activité, les employés seront-ils syndiqués ou non ?*

La gestion des ressources humaines est souvent complexe et plusieurs organismes gouvernementaux régissent cette fonction importante de l'entreprise. Si vous comptez embaucher des employés, vous devez vous inscrire comme employeur aux ministères du Revenu des gouvernements fédéral et provincial, auprès de la Commission des normes du travail (CNT) et auprès de la Commission de la santé et de la sécurité du travail (CSST). Ces organismes vous feront part des normes minimales à respecter de même que des diverses cotisations d'employeurs que vous devrez verser pour vos employés. Ces cotisations, différentes des retenues à la source, sont versées annuellement dans le cas de la CNT et de la CSST et mensuellement dans le cas du régime de rentes, d'assurance-maladie et d'assurance-emploi.

Dans certains cas, la CSST oblige les entreprises à avoir un programme de santé et sécurité au travail, de former des employés à l'administration des premiers soins, etc. Si tel est le cas dans votre secteur d'activité, faites-en état.

Enfin, vous devez vérifier auprès de la Société québécoise de développement de la main-d'œuvre de votre région si votre entreprise est assujettie à la Loi 90, laquelle oblige les entreprises à investir 1 % de leur masse salariale en formation. Depuis le 1er janvier 1996, seules les entreprises ayant une masse salariale supérieure à un million de dollars sont obligées de se conformer à cette loi. Ce montant changera cependant dans les années à venir, et ce, jusqu'à ce que toutes (ou presque) les entreprises respectent cette loi. Ainsi, la masse salariale visée par cette loi passera à 500 000 $ le 1er janvier 1997 et à 250 000 $ le 1er janvier 1998.

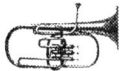 *Le cas échéant, discutez du programme de santé et sécurité au travail et du programme de formation.*

9.3 LES INVESTISSEURS NON ACTIFS ET LE PARRAINAGE

Afin de financer votre projet, vous aurez besoin d'investisseurs. Certains seront actifs dans l'entreprise, par exemple vos associés ou une société de capital de risque qui vous offrira de participer à la gestion. Il est possible que vous ayez trouvé des investisseurs prêts à financer une partie de votre entreprise sans participer à sa gestion. Si cela est votre cas, désignez ces personnes et indiquez le montant de leur participation.

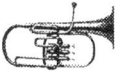
Identifiez tout investisseur qui ne participera pas à la gestion courante de l'organisation.

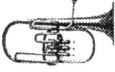
Indiquez la nature et l'importance de la participation de chacun.

Nous vous suggérons aussi fortement de vous adjoindre un parrain d'affaires, une personne d'expérience avec laquelle vous pourrez partager vos problèmes et succès d'affaires. Si vous avez trouvé cette perle rare, présentez-la aux lecteurs de votre plan d'affaires. La présence d'un parrain ou d'une marraine d'affaires pour vous aider dans la gestion de votre entreprise augmentera la crédibilité de votre projet.

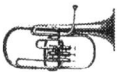
Présentez tout parrain ou mentor et décrivez l'importance de sa contribution au succès de l'entreprise.

9.4 LE CONSEIL D'ADMINISTRATION OU LE COMITÉ DE GESTION

Si vous avez choisi la forme juridique de l'incorporation, vous devez vous doter d'un conseil d'administration. Ce conseil d'administration sera formé des membres de l'équipe entrepreneuriale et d'autres personnes que vous recruterez pour leur expertise complémentaire aux vôtres. Ces personnes pourront être actionnaires ou non de votre entreprise et, dans la majorité des cas, vous devrez les rémunérer pour qu'elles participent aux rencontres régulières du conseil d'administration.

Les membres de votre conseil d'administration peuvent être engagés de par les décisions qu'ils prennent dans le cadre de leur fonction d'administrateurs d'une corporation. Dans ce cas, il vous faudra prévoir une assurance responsabilité les protégeant à cet égard, notamment pour les membres du conseil d'administration qui ne sont pas actionnaires. Informez-vous auprès de votre courtier d'assurances.

Si votre entreprise n'est pas incorporée et que vous voulez quand même bénéficier des conseils d'une équipe complémentaire, vous pouvez former un comité de gestion. Les personnes en faisant partie peuvent être les membres de l'équipe entrepreneuriale, mais surtout des spécialistes des questions pour lesquelles il vous manque de l'expérience ou des connaissances. Comme pour le conseil d'administration, les membres de votre comité de gestion voudront être rémunérés pour le temps qu'ils accorderont à votre entreprise. Vous pouvez aussi prévoir une assurance responsabilité à leur égard.

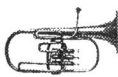
Présentez les membres qui composent ou composeront votre conseil d'administration ou votre comité de gestion.

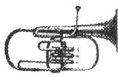
Faites ressortir comment chacun d'eux peut contribuer au succès de l'entreprise.

9.5 LES CONSEILLERS EXTERNES

Enfin, vous aurez certainement besoin de conseillers externes, tels des avocats, des comptables, des fiscalistes, une agence de publicité, une firme d'ingénieurs-conseils ou autres, pour vous aider dans la planification du démarrage de votre entreprise ou pour ses opérations courantes. Ces personnes devront être choisies avec soin et souvent leur crédibilité pourra déteindre sur la vôtre, positivement ou négativement. Entourez-vous de gens compétents et crédibles (écoutez-les aussi) et vous augmenterez les chances de succès de votre entreprise.

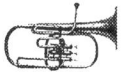 *Identifiez les personnes retenues ou que vous retiendrez à titre de conseillers externes.*

9.6 LE SOMMAIRE DES COÛTS DU PLAN DES RESSOURCES HUMAINES

Les principaux frais de démarrage reliés au plan des ressources humaines sont :

- les frais de sélection et de recrutement ;
- les frais de formation de la main-d'œuvre ;
- les honoraires des conseillers externes ;
- etc.

En ce qui a trait aux frais fixes, ils relèvent généralement des salaires, des avantages sociaux et des cotisations diverses, de même que des honoraires professionnels des conseillers ou de la rémunération des membres du conseil d'administration ou du comité de gestion.

Enfin, comme nous l'avons déjà mentionné, les frais variables sont ceux associés aux salaires de production, au coût de la main-d'œuvre pour fabriquer votre produit ou rendre votre service et aux avantages sociaux qui y sont reliés.

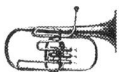 *Faites le sommaire des coûts reliés au plan des ressources humaines.*

Une fois cette section rédigée, mettez en annexe tous les documents pouvant attester vos dires et influencer favorablement le lecteur.

Exemple de la boutique *Viens bouquiner*

9 LE PLAN DES RESSOURCES HUMAINES

9.1 Les besoins en main-d'œuvre

Au démarrage, je n'engagerai aucun employé. Cependant, si les ventes vont bien, je pourrai engager une personne, une vingtaine d'heures par semaine, afin de m'aider à combler toutes les heures d'ouverture de la boutique.

Cette personne devra être en mesure de servir les clients, de les aider dans leurs recherches et de s'occuper de la caisse. Cette personne, relativement facile à trouver dans le milieu étudiant, sera rémunérée au salaire minimum en vigueur au moment de son embauche.

9.2 Les investisseurs non actifs et le parrainage

Afin de combler les besoins financiers de démarrage de mon entreprise, les membres de ma famille vont investir de différentes façons. Mes deux frères vont investir du temps afin de m'aider dans l'aménagement du local, une valeur approximative de 600 $. Mon père et ma mère vont investir 15 000 $, sans intérêt, montant remboursable dans cinq ans.

Je ne me suis pas adjoint de parrain ni de marraine d'affaires. Cependant, les membres de mon équipe entrepreneuriale vont me conseiller et me soutenir dans les moments de décisions relevant de leurs compétences.

9.3 Le conseil d'administration ou le comité de gestion

Je peux considérer les membres de mon équipe entrepreneuriale comme un comité de gestion. Nous nous réunirons régulièrement afin de discuter de l'entreprise et de ses performances et chacun m'aidera selon ses compétences.

9.4 Les conseillers externes

Outre Jacinthe, Louise et Jean, je ne crois pas avoir besoin d'autres conseillers externes. Si le besoin se fait sentir, je demanderai des références professionnelles à des gens qui feront partie de mon réseau d'affaires.

9.5 Le sommaire des coûts du plan des ressources humaines

Je ne prévois aucun coût spécifique pour le plan des ressources humaines, du moins tel qu'il a été prévu au démarrage.

CHAPITRE 9

Les applications propres à mon projet

Éléments de contenu du plan d'affaires	Cet élément s'applique-t-il à mon projet ?	Date d'échéance pour cette étape	Sources d'information à utiliser
Description des tâches opérationnelles, techniques et administratives			
Compétences requises pour accomplir ces tâches			
Disponibilité de la main-d'œuvre			
Programme de formation			
Salaires et avantages sociaux			
Coût de la main-d'œuvre pour produire le bien ou rendre le service			
Organigramme de l'entreprise			
Description des postes clés			
Compétences des personnes occupant les postes clés			
Salaire des personnes occupant les postes clés ou partage de la propriété			
Philosophie de gestion			
Présence d'un syndicat			
Identification des organismes réglementaires			
Investisseurs non actifs			
Parrain ou marraine d'affaires			
Membres du conseil d'administration ou du comité de gestion			
Conseillers externes			
Sommaire des coûts de démarrage			
Sommaire des coûts fixes			
Sommaire des coûts variables			

CHAPITRE 10

Le plan de développement de l'entreprise

Et après, qu'allez-vous faire pour que tout continue d'aller bien ?

L ié de près au plan de marketing, le plan de développement de l'entreprise a pour objet de déterminer le statut de développement du produit ou du service et de préciser les plans futurs de recherche et de développement. Il s'agit de prévoir dès maintenant vos plans pour l'avenir de votre entreprise. Il s'agit aussi de planifier dès maintenant la façon dont vous vous assurerez que votre produit ou votre service réponde toujours bien aux besoins de votre marché cible. Cette planification de développement de l'entreprise est importante pour vous, mais aussi pour les investisseurs qui voudront tout connaître sur le potentiel commercial à long terme de votre projet.

10.1 LES OBJECTIFS À LONG TERME ET LA CROISSANCE DE L'ENTREPRISE

Dans la première partie du plan d'affaires (chapitre 2), vous avez fait mention des objectifs de l'entreprise, notamment pour les premières années d'exploitation. Maintenant, il est temps de penser à l'avenir. À partir de votre vision à long terme, vous devez préciser les objectifs à atteindre pour les 5 ou 10 prochaines années, vos objectifs de croissance. Ces objectifs seront nécessairement moins précis que des objectifs à court terme. Ils devront cependant respecter les mêmes critères, soit être mesurables et spécifiques.

Les objectifs de croissance, à long terme, pour une entreprise sont généralement de développer soit :
- un nouveau marché avec un produit existant ;
- un marché existant avec un nouveau produit ;
- un nouveau marché avec un nouveau produit.

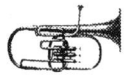 *Quels sont vos objectifs de croissance ?*

10.2 LE DÉVELOPPEMENT FUTUR DE VOTRE PRODUIT OU DE VOTRE SERVICE

Il est fort possible que votre plan d'affaires vous serve à rechercher du financement pour terminer l'étape de recherche, de développement et de commercialisation de votre produit ou de votre service. Dans ce cas, il faut préciser vos besoins afin de le rendre commercialisable. Si votre produit ou votre service est prêt pour la commercialisation, décrivez la façon dont vous vous y prendrez afin de rallonger son cycle de vie. Vous devrez aussi décrire la façon dont vous vous y prendrez afin de demeurer compétitif, soit en améliorant constamment votre produit ou votre service ou encore en introduisant des nouveautés. Ce plan de développement doit naturellement être relié de près à vos objectifs de croissance.

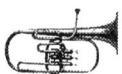 *Décrivez le statut de développement de votre produit ou de votre service. Est-il commercialisable tel quel ou n'en est-il qu'au stade de la table à dessin, à l'état de prototype ou à toute autre étape intermédiaire ?*

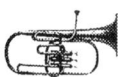 *Précisez les étapes qui restent à franchir pour amener le produit sur le marché.*

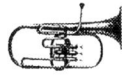 *Notez les difficultés et les risques que vous prévoyez devoir surmonter en cours de développement du produit ou du service.*

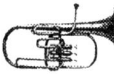 *Indiquez les plans futurs de recherche et de développement de nouveaux produits ou services, ou de nouvelles utilisations des produits ou services existants.*

 *Pour augmenter la crédibilité de vos plans de recherche et développement, présentez votre équipe de recherche ou vos spécialistes techniques, en faisant ressortir le rôle de chacun, leurs compétences, leurs atouts, surtout s'ils n'ont pas déjà été présentés dans le plan des ressources humaines.*

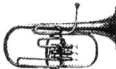 *Ajoutez toute entente de partenariat que vous pourriez avoir avec des organismes de recherche, des universités ou d'autres institutions, concernant la recherche et le développement de votre produit ou de votre service.*

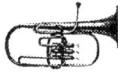 *Discutez des possibilités d'obtenir des brevets ou d'enregistrer des marques de commerce pour ces nouveaux produits ou services.*

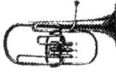 *Faites un état des coûts de recherche et développement que vous prévoyez. Il s'agit ici souvent des salaires de l'équipe de recherche, des dépenses associées à la fabrication du prototype et des coûts d'utilisation de l'équipement nécessaire à la recherche.*

10.3 L'ÉVALUATION CONTINUELLE DU MARCHÉ

Pour maintenir leur compétitivité et assurer leur croissance, les entreprises doivent demeurer à l'affût des besoins de leur clientèle afin d'adapter leur produit ou leur service en conséquence. C'est ce que nous nommons l'évaluation continuelle du marché. En fait, l'entrepreneur doit toujours être préoccupé par l'étude de son marché et par la découverte de nouvelles occasions d'affaires. Il peut actualiser cette préoccupation en réalisant une nouvelle étude de marché à intervalles réguliers ou encore en instaurant un système permanent de collecte de données sur le marché.

Nous ne reviendrons pas sur l'étude de marché, mais insisterons plutôt sur le concept du système permanent de cueillette de données. Un tel système porte le nom de veille commerciale.

Comme dans tout processus de recherche d'information, commencez par évaluer vos besoins, lesquels aideront à identifier les sources de données les plus pertinentes à utiliser. Selon vos objectifs de croissance, il s'agit de déterminer ce qu'il vous faudra savoir pour prendre des décisions. Par exemple, si vous voulez développer de nouveaux produits, vous aurez besoin d'information sur la concurrence, sur les foires commerciales ou industrielles, sur les développements technologiques, etc. Si vous voulez développer de nouveaux marchés, il vous faudra de l'information sur la concurrence mais aussi sur la population, sur le marché visé et sur les projets qui s'y développent.

Pour recueillir l'information nécessaire, plusieurs moyens sont à votre disposition. Vous pouvez tout simplement vous abonner à des revues ou des journaux spécialisés dans votre secteur d'activité (et les lire!). Vous devez visiter régulièrement les foires commerciales et industrielles pertinentes. Il est aussi recommandé de discuter avec d'autres entrepreneurs, concurrents ou non, avec vos fournisseurs et surtout avec vos clients. Enfin, vous pouvez embaucher une firme spécialisée dans la recherche d'information qui fera pour vous, sur une base continue ou irrégulière, des recherches dans les banques de données et dans toutes les autres publications pertinentes à votre secteur d'activité.

Pour vous tenir bien informé de l'état de la technologie dans votre secteur d'activité, vous pouvez aussi instaurer un système de veille technologique. Ce système répond aux mêmes conditions que la veille commerciale; seules les sources d'information diffèrent.

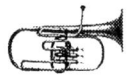 *De quelle façon procéderez-vous à l'évaluation continuelle de votre marché ?*

10.4 LE SOMMAIRE DES COÛTS DE RECHERCHE ET DÉVELOPPEMENT

Les coûts de recherche et développement au démarrage de votre entreprise sont généralement ceux que vous avez assumés afin de développer votre produit ou votre service et de le rendre commercialisable (prototype, propriétés intellectuelles, frais de recherche divers).

Les frais fixes et les frais variables dépendront de vos décisions et de vos objectifs de croissance. On peut cependant dire qu'ils comprennent habituellement les éléments suivants :

- salaires et avantages sociaux de l'équipe de recherche ;
- coûts de développement de nouveaux produits ;
- coûts associés aux brevets ou aux dessins industriels ;
- frais de recherche d'information ;
- frais de déplacement et d'inscription dans des colloques, foires ou expositions ;
- abonnement à des revues ou à des banques de données ;
- dépenses reliées à l'utilisation d'équipement spécialisé ou honoraires des professionnels de la recherche ;
- etc.

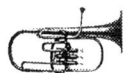 *Faites le sommaire des coûts reliés à votre plan de recherche et développement.*

Une fois cette section rédigée, mettez en annexe du plan d'affaires tout document pouvant attester vos dires et influencer favorablement le lecteur.

Exemple de la boutique **Viens bouquiner**

10 LE PLAN DE DÉVELOPPEMENT DE L'ENTREPRISE

10.1 Les objectifs à long terme et la croissance de l'entreprise

À long terme, j'aimerais pouvoir ouvrir d'autres succursales de Viens bouquiner. Les villes visées pour de telles succursales sont Sherbrooke et Chicoutimi. Je connais bien Sherbrooke et j'aimerais pouvoir offrir la chance à Jacinthe ou à Louise d'y ouvrir une boutique en partant de mon expérience. En ce qui concerne Chicoutimi, je crois qu'il y a un marché, mais il s'agit là d'une perception toute personnelle. Si je mettais ces projets de l'avant, je devrais faire une analyse de marché avant de prendre une décision finale.

Pour assurer la croissance de mon entreprise, il me faudra être à l'affût des besoins de la clientèle afin de lui offrir des produits y répondant le mieux possible. Malgré tout, les deux seules façons d'augmenter les ventes dans mon secteur d'activité se résument à agrandir la superficie afin d'offrir plus de choix ou d'augmenter le roulement des stocks en incitant les gens à lire, donc à acheter plus. Le cas échéant, dans cinq ou six ans, je reverrai ces deux concepts avec mon équipe.

10.2 Le développement futur du produit ou du service

Le livre d'occasion n'est pas un produit qui se développe comme tel. D'un autre côté, je pourrais introduire éventuellement le cédérom d'occasion dans mon offre de produits. De plus, je pourrais offrir un service de réparation de reliures abîmées. Encore ici, le cas échéant, je reverrai ces concepts avec mon équipe.

10.3 L'évaluation continuelle du marché

Afin de me tenir au courant des besoins de ma clientèle, je procéderai régulièrement à des petits sondages maison. Un questionnaire simple et direct leur sera remis et une réduction de 10 % sera offerte sur un prochain achat, lors du retour du questionnaire. Je commencerai cette pratique dès la deuxième année d'activité de mon entreprise.

10.4 Le sommaire des coûts de développement

Aucun coût spécifique n'est relié au plan de développement.

 **es applications propres à mon projet**

Éléments de contenu du plan d'affaires	Cet élément s'applique-t-il à mon projet ?	Date d'échéance pour cette étape	Sources d'information à utiliser
Objectifs de croissance			
Stade de développement du produit ou du service			
Étapes à franchir pour commercialiser le produit ou le service			
Difficultés ou risques prévus en cours de développement			
Plans futurs de recherche et développement			
Présentation de l'équipe de recherche et développement			
Entente de partenariat pour la recherche et le développement			
Propriétés intellectuelles possibles pour les nouveaux produits ou les nouveaux services			
État des coûts prévus de recherche et développement			
Système d'évaluation continuelle du marché			
Système d'évaluation continuelle de la technologie			
Sommaire des coûts de démarrage			
Sommaire des coûts fixes			
Sommaire des coûts variables			

CHAPITRE 11

Le calendrier de réalisation, le plan de gestion des risques et les solutions de rechange

Connaissez-vous la loi de Murphy ? Dès qu'une chose peut mal tourner, elle tournera mal !

Comme tout projet, un projet d'affaires peut être sujet à des retards ou à des petits problèmes lors du démarrage. Cette section du plan d'affaires vous permettra de déterminer les principaux risques et problèmes qui pourraient survenir lors de l'implantation du projet et du démarrage de l'entreprise. Cette réflexion doit vous permettre de prévoir les solutions de rechange qui vous aideront à réaliser votre projet dans les meilleures conditions possible, quoi qu'il arrive. La première étape de cette planification est la préparation du calendrier de réalisation du projet.

11.1 LE CALENDRIER DE RÉALISATION

L'établissement d'un échéancier fait partie de tout processus de planification. Le sérieux des promoteurs se reflète entre autres dans la présentation d'un calendrier réaliste de mise en œuvre du projet d'entreprise et de mise en marché du produit ou du service, ce qui représente les actions et les étapes à réaliser afin de démarrer l'entreprise selon un calendrier prédéterminé. Les chapitres précédents renferment plusieurs renseignements qui vous seront utiles pour réaliser cette section de votre plan d'affaires.

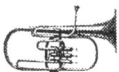 *Dressez la liste des étapes importantes qui vous permettront de mener votre projet à terme.*

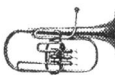 *Établissez des échéanciers réalistes pour réaliser ces étapes.*

Quelques problèmes pouvant caractériser la phase de prédémarrage de l'entreprise ont été relevés. Ces problèmes surviennent généralement avant l'ouverture des portes de l'entreprise et peuvent retarder le démarrage de celle-ci. Ces problèmes peuvent être reliés aux différentes fonctions de l'entreprise, soit la mise en marché, la finance, les opérations, les ressources humaines ou, encore, la gestion en général.

En ce qui concerne la mise en marché, votre projet pourrait être retardé parce que vous n'avez pas pris la peine de bien définir le marché et de réaliser une étude de marché. Cette lacune peut influencer votre projet, puisque vous aurez mal identifié votre clientèle, mal choisi votre localisation ou mal évalué vos ventes.

En ce qui concerne le financement, le problème classique est le délai ou l'impossibilité d'obtenir le financement requis. Les opérations peuvent également causer des problèmes au prédémarrage si le développement de votre produit prend du retard ou si l'utilisation d'une nouvelle technologie ne vous appartenant pas est impossible ou si la technologie même est très difficile à obtenir. Dans ces deux cas, il est possible que des délais dans l'obtention d'une protection intellectuelle, un brevet par exemple, retardent le démarrage de votre entreprise.

Enfin, vous pourriez avoir de la difficulté à attirer des employés compétents. En ce qui a trait à la gestion, la paperasserie gouvernementale et les délais qui s'y rattachent, notamment dans l'obtention des permis nécessaires à l'exploitation de votre entreprise, pourraient aussi retarder le démarrage de l'entreprise.

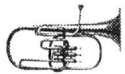 *Relevez les étapes qui pourraient s'avérer problématiques et discutez de leur impact sur la réalisation du projet.*

11.2 L'OBTENTION DES PERMIS ET LE RESPECT DES LOIS ET RÈGLEMENTS S'APPLIQUANT À L'ENTREPRISE

Dans votre échéancier de réalisation de projet, on doit retrouver une étape qui concerne l'obtention des permis nécessaires au démarrage et aux opérations. On doit aussi retrouver l'échéancier respectant les lois et les règlements s'appliquant à l'entreprise. Dans les chapitres précédents, nous avons discuté de certains de ces éléments. Il importe de refaire le tour de la question et d'évaluer les coûts associés à tous ces permis.

Il y a une question dont nous n'avons pas encore discuté avec vous, soit les taxes de vente fédérales et provinciales (la TPS et la TVQ). Sachez qu'une entreprise, quelle que soit sa forme juridique, n'est pas tenue de s'inscrire à la TPS ni à la TVQ tant et aussi longtemps qu'elle ne réalise pas un chiffre d'affaires de 30 000 $ par année. Une fois ce montant atteint, il est obligatoire de s'inscrire aux deux formes de taxes et d'y demeurer inscrit jusqu'à la cessation des activités de l'entreprise. Toutefois, il est peut être préférable de vous y inscrire pour des raisons de crédibilité face à votre clientèle : être inscrit signifie que vous avez un chiffre d'affaires d'au moins 30 000 $ par année !

Si vous choisissez de ne pas vous y inscrire lors du démarrage de votre entreprise, les montants que vous paierez en taxes sur vos achats seront inclus dans les dépenses de l'entreprise. Vous ne devez pas facturer ces taxes à vos clients. Si, au contraire, vous choisissez de vous inscrire, vous devez facturer ces taxes à vos clients et déduire de vos dépenses les montants que vous aurez vous-même payés. Chaque trimestre ou chaque mois, selon les montants en cause, vous devez retourner au gouvernement l'excédent entre les taxes que vous aurez perçues et celles que vous aurez payées. Le gouvernement vous remboursera si vous avez payé plus de taxes que vous n'en avez perçu.

Les principaux éléments légaux et réglementaires que l'on doit s'assurer de respecter sont les suivants :

- permis d'affaires municipal ;
- inscription en tant qu'employeur aux diverses instances telles que la Commission des normes du travail, la Commission de la santé et de la sécurité du travail, etc. (chapitre 9) ;
- inscription de l'entreprise dans les registres gouvernementaux (voir le choix de la forme juridique dans le chapitre 2) ;
- respect des normes environnementales (chapitre 8) ;
- inscription à la TPS et à la TVQ ;
- lois et règlements particuliers au secteur d'activité (chapitre 2) ;
- etc.

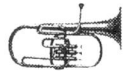 *Incluez l'obtention des permis et les inscriptions diverses à votre échéancier de réalisation.*

11.3 LE PLAN DE GESTION DES RISQUES ET LES SOLUTIONS DE RECHANGE

La préparation d'un plan d'affaires repose sur un ensemble d'hypothèses formulées par le promoteur. La formulation de ces hypothèses n'est pas exempte de risques. Par ailleurs, le risque est une notion que les financiers n'aiment pas beaucoup. Il est important que votre plan d'affaires soit sans surprise et il serait naïf de croire qu'il ne comporte aucun risque. Mieux vaut prévoir les risques potentiels afin d'envisager des plans d'action pour les éviter ou des plans de rechange s'ils se présentent.

Une fois votre entreprise en exploitation, plusieurs problèmes spécifiques peuvent survenir. Ces problèmes peuvent être reliés aux différentes fonctions de l'entreprise et à la gestion en général.

Comme nous l'avons mentionné un peu plus haut, les problèmes les plus courants relatifs à la mise en marché sont la difficulté de trouver de nouveaux clients et d'atteindre les objectifs de part de marché. L'atteinte des objectifs de vente ou d'un niveau de vente suffisant pour assurer la rentabilité de l'entreprise ainsi qu'une localisation mal choisie sont d'autres problèmes potentiels. Ces problèmes peuvent être causés par une mauvaise planification de votre part ou encore par une réaction vive de la part des concurrents.

En ce qui concerne la fonction finance de l'entreprise, il est possible que le financement de départ ait été mal évalué ou que vous manquiez de fonds pour faire face à vos obligations. Il est également possible que votre système de gestion financière (comptabilité) soit inadéquat pour votre entreprise. Dans le domaine des opérations, vous pourriez manquer de stocks ou en avoir trop, ou avoir de la difficulté à contrôler le stock requis, soit les entrées et les sorties de biens, de matières premières ou de fournitures.

Enfin, il est aussi possible que vos objectifs soient irréalistes, que vous ne puissiez atteindre le niveau de profit ou de rendement escompté ; que vous n'arriviez pas à produire ce que vous aviez prévu, à vendre autant que vous ne l'aviez espéré, au prix que vous aviez déterminé.

Soyez sans crainte ! Il serait très surprenant que vous éprouviez tous ces problèmes en même temps. De plus, si ces problèmes étaient insurmontables, il n'y aurait plus d'entreprises nulle part dans le monde. Nous avons dit en introduction que l'un des objectifs du plan d'affaires était de faire nos erreurs sur papier plutôt que dans la réalité. C'est ici que vous devez réfléchir à tout ce qui pourrait aller mal et prévoir une ou des façons dont vous pourriez vous en sortir. Généralement, si vous prévoyez plusieurs scénarios (de très optimistes et de très pessimistes), vous serez en mesure de surmonter ces problèmes de démarrage rapidement, puisque vous aurez réfléchi à l'avance aux solutions possibles.

 *Identifiez les risques potentiels (retards sur les échéanciers, difficultés de trouver du financement, excédents des coûts, difficultés de pénétration du marché, hausse des taux d'intérêt, inflation plus grande que prévu, prix trop élevés, etc.).*

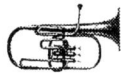 *Listez les moyens pour les éviter et, s'ils ne peuvent l'être, élaborez les plans de rechange.*

11.4 LE SOMMAIRE DES COÛTS LÉGAUX ET DE GESTION DES RISQUES

Au démarrage, il faut avoir payé tous les permis nécessaires à l'exploitation de votre entreprise. Vous devez aussi avoir réglé les honoraires professionnels des experts conseils qui vous auront guidé dans les questions légales. En ce qui a trait à la gestion des risques, vous devez évaluer quels pourraient être les coûts d'implantation des options envisagées.

En ce qui concerne les frais fixes, la majorité des permis doivent être renouvelés annuellement et, selon la forme juridique choisie pour votre entreprise, vous aurez à produire des rapports aux diverses instances gouvernementales. Ces rapports sont généralement assujettis à des frais de traitement des données. Les frais variables sont pratiquement inexistants en ce qui concerne les questions légales et la gestion des risques.

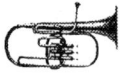 *Faites le sommaire des coûts reliés au plan de gestion des risques et à la mise en œuvre de l'échéancier de réalisation.*

Enfin, une fois cette section rédigée, mettez en annexe du plan d'affaires tous les documents pouvant attester vos dires et influencer favorablement le lecteur.

Exemple de la boutique *Viens bouquiner*

11 LE CALENDRIER DE RÉALISATION, LE PLAN DE GESTION DES RISQUES ET LES SOLUTIONS DE RECHANGE

11.1 Le calendrier de réalisation

Afin de démarrer mon entreprise comme prévu le 5 mai 1997, je me suis donné un échéancier que je considère réaliste. En voici les grandes étapes :

DATES	ÉTAPES
Janvier à mars 1997	Acquisition des livres
Janvier 1997	Achat de l'ordinateur et programmation du système de gestion des stocks
Mars 1997	Familiarisation avec le logiciel
Mars 1997	Recherche d'un local
Avril 1997	Aménagement physique du local
Avril 1997	Mise en place de la campagne publicitaire
Avril 1997	Entrée des données dans le système de gestion des stocks
Avril 1997	Derniers aménagements et disposition des stocks

Deux étapes pourraient s'avérer problématiques dans la réalisation de cet échéancier selon les délais impartis. Premièrement, trouver un local approprié dans le secteur désiré ne devrait pas causer de problèmes en soi, plusieurs locaux étant disponibles au centre-ville de Trois-Rivières. Le problème serait plutôt le coût au pied carré. Nous sommes dans un centre-ville, ne l'oublions pas.

Le deuxième problème possible est la recherche et l'achat de livres d'occasion afin d'atteindre l'objectif de 10 000 livres en stock au démarrage, et ce, au coût d'achat prévu. Si je ne peux recueillir suffisamment de livres à l'intérieur de mon budget de 22 500 $, le concept devra être modifié ou tout simplement abandonné.

11.2 L'obtention des permis et le respect des lois et règlements

Afin de démarrer mon entreprise, je devrai immatriculer sa raison sociale (30 $) et obtenir un permis d'affaires de la Ville de Trois-Rivières (75 $). Enfin, comme je pense dépasser 30 000 $ de chiffre d'affaires et que je désire recevoir un retour de taxes sur mes dépenses admissibles au démarrage, je vais inscrire la boutique Viens bouquiner à la TPS et à la TVQ. Je m'inscrirai comme employeur seulement au moment où j'engagerai du personnel.

Janvier 1997	Immatriculation de la raison sociale de l'entreprise
Mars 1997	Obtention d'un permis d'affaires
Avril 1997	Inscription à la TPS et à la TVQ

11.3 Le plan de gestion des risques et les solutions de rechange

Un projet de création d'entreprise comporte toujours des risques. En ce qui me concerne, voici une liste des risques potentiels que j'entrevois :

- difficulté à trouver du financement ;
- retard dans les échéanciers ;
- difficulté à trouver un local ;
- difficulté à trouver des livres d'occasion à acheter ;
- coûts supplémentaires inattendus ;
- difficulté à atteindre les clientèles et ainsi à pénétrer le marché.

Les moyens mis en œuvre pour éviter ces risques sont nombreux. Tout d'abord, il convient de bien se préparer et d'avoir un plan d'affaires complet. Ensuite, pour respecter l'échéancier, je me suis accordé de bons délais pour chaque étape. Pour contrer les coûts supplémentaires inattendus, j'ai ajouté 1 % des ventes aux dépenses pour les imprévus.

Pour ce qui est des plans de rechange, notons que si les établissements financiers traditionnels ne veulent pas me prêter les capitaux nécessaires, mon père se portera garant de l'emprunt. De plus, j'irai rencontrer différents organismes pour trouver d'autres formes de capitaux. Si un retard persiste dans le calendrier de réalisation, dans l'obtention de livres à revendre ou dans le choix d'un local approprié, on peut repousser la date d'ouverture pour le mois de septembre. Et si j'ai de la difficulté à pénétrer le marché, j'envisagerai une campagne publicitaire plus importante ou des prix plus bas.

11.4 Le sommaire des coûts légaux et de gestion des risques

Les coûts légaux se résument à l'obtention d'un permis d'affaires (75 $) et à l'immatriculation de la raison sociale de l'entreprise (30 $), laquelle est renouvelable toutes les années à ce même coût. Ajoutons à ceci un pourcentage de 1 % des ventes afin de parer aux imprévus.

Les applications propres à mon projet

Éléments de contenu du plan d'affaires	Cet élément s'applique-t-il à mon projet ?	Date d'échéance pour cette étape	Sources d'information à utiliser
Étapes à réaliser pour démarrer l'entreprise			
Échéancier pour réaliser ces étapes			
Identification des étapes problématiques			
Inscription ou non à la TPS et à la TVQ			
Obtention des permis nécessaires			
Identification des risques potentiels			
Plans de rechange			
Sommaire des coûts de démarrage			
Sommaire des coûts fixes			
Sommaire des coûts variables			

CHAPITRE 12

Le plan des ressources financières

Ferez-vous de l'argent avec cette entreprise-là ?

Le plan des ressources financières a pour objet de démontrer, à la lumière des éléments contenus dans les divers plans, la viabilité financière du projet d'entreprise et de déterminer les besoins de fonds dans le temps. Les plans financiers doivent être préparés pour trois scénarios, soit les scénarios optimiste, réaliste et pessimiste. Le scénario optimiste est celui qui imaginera que l'entreprise ira aussi bien que possible, même mieux. Le scénario réaliste est celui qui répondra aux résultats de votre étude de marché. Le scénario pessimiste sera celui où tout ce qui peut aller mal va aller mal.

Le plan financier doit vous convaincre, vous le promoteur, que votre projet est rentable. Ensuite, il doit convaincre les créanciers éventuels que votre entreprise est à même de rembourser ses dettes et de remplir ses promesses de rentabilité. Il permet aussi aux investisseurs de voir, chiffres à l'appui, tout le potentiel commercial de votre projet. Enfin, il présente de façon formelle vos demandes financières aux investisseurs, de même que les garanties que votre projet ou vous-même pouvez leur offrir.

Dans le corps du texte de votre plan d'affaires, vous devez présenter les principales hypothèses soutenant vos prévisions financières et les conclusions que vous en tirerez quant à la rentabilité de votre projet. Trois scénarios de prévisions financières complètes sont présentés en annexe.

Pour vous aider dans la préparation de vos prévisions financières, nous vous suggérons les volumes suivants :

> MARTEL, Louise et Jean-Guy ROUSSEAU. *Le Gestionnaire et les états financiers*, 2ᵉ *édition*, Les Éditions du Renouveau pédagogique inc., collection Mercure sciences comptables, Saint-Laurent, 1993.

> FORTIN, Régis. *Comment gérer son fonds de roulement : pour maximiser sa rentabilité*, Les Éditions Transcontinental inc. et Fondation de l'Entrepreneurship, collection Entreprendre, Montréal et Charlesbourg, 1995.

À la fin de ce volume, nous avons aussi ajouté un petit lexique des termes financiers qui seront utilisés dans ce chapitre.

12.1 LE BILAN ET LES BESOINS FINANCIERS PERSONNELS

La présentation de votre bilan personnel vous permettra, ainsi qu'aux lecteurs éventuels de votre plan d'affaires, de déterminer la mise de fonds que vous êtes en mesure d'investir dans votre projet. Ce bilan personnel présente la liste des biens que vous possédez, à la valeur marchande (prix que vous obtiendriez si vous vendiez le bien), et les sommes d'argent dont vous disposez. Il fait aussi état du solde de toutes dettes que vous pourriez avoir en regard de ces biens (hypothèques, emprunt automobile, cartes de crédit, etc.). La différence entre la somme de vos dettes et la valeur de vos biens et de votre argent représente votre valeur nette, ce que vous pourrez investir dans le projet.[1]

Évaluer vos besoins financiers personnels vous permettra de calculer le « salaire » que devra vous rapporter l'entreprise afin de faire face à

---

1. Le bilan et les besoins financiers personnels de l'exemple ont été présentés au chapitre 3.

vos obligations financières telles que le loyer, vos versements sur emprunt, la garderie, l'alimentation, etc. Vous pouvez faire cette évaluation sur une base mensuelle ou annuelle. Il vous faut cependant réaliser que le démarrage de votre entreprise peut être difficile et vous impose des sacrifices au cours des premières années.

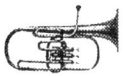 *Présentez le bilan et les besoins financiers personnels pour chacun des membres de l'équipe entrepreneuriale, du ou des propriétaires de l'entreprise.*

12.2 LA PRÉPARATION DES ÉTATS FINANCIERS PRÉVISIONNELS

Les états financiers prévisionnels comprennent le bilan d'ouverture (coût et financement du projet), l'état des résultats (revenus et dépenses), le mouvement de trésorerie (budget de caisse) et les bilans de fin d'année.

La préparation des états financiers prévisionnels peut être assez complexe et nous vous suggérons fortement de vous faire conseiller. Vous pouvez avoir recours à un comptable qui les fera pour vous avec les renseignements que vous lui fournirez. L'important est de fournir à votre comptable toute l'information dont il aura besoin et, surtout, de lui fournir les bons chiffres, sinon vous obtiendrez des prévisions financières qui ne reposeront sur rien de réel. Vous pourrez aussi consulter un représentant d'un organisme de développement économique qui pourra vous soutenir et vous guider dans la préparation de vos prévisions financières de même que vous orienter par rapport aux programmes gouvernementaux d'aide technique et financière qui pourraient s'appliquer à votre projet. Ce dernier pourra vous diriger non seulement vers les sources de financement les mieux adaptées à votre projet, mais aussi vers d'autres organismes pouvant vous soutenir dans la réalisation des étapes plus techniques de votre projet, par exemple le développement d'un prototype, la recherche et l'obtention d'une propriété intellectuelle ou une recherche ciblée d'information dans une banque de données.

La personne responsable du crédit commercial de votre établissement financier pourra aussi vous fournir de bons conseils financiers, de même que votre parrain ou votre marraine d'affaires pourra vous ouvrir des portes auprès de bailleurs de fonds faisant partie de son réseau d'affaires.

À partir de maintenant, vous aurez à vous promener à travers vos notes et à travers ce volume afin de retrouver les renseignements nécessaires. Vous drevez aussi revenir sur vos pas à plusieurs reprises. En effet, s'il y a une constante dans l'élaboration de prévisions financières, c'est que lorsque l'on change un chiffre quelque part... plusieurs autres chiffres changent aussi.

12.2.1 LES HYPOTHÈSES DE BASE

La première étape des prévisions financières de votre entreprise est de faire un sommaire de toutes les hypothèses à incidences financières envisagées dans les plans précédents. Vous avez déjà en main plusieurs de ces hypothèses. Référez-vous aux sections « sommaire des coûts » dans les chapitres précédents et séparez ces coûts selon leur nature : coûts de démarrage, coûts fixes ou coûts variables.

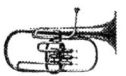
Faites la liste des hypothèses à incidences financières.

Certaines hypothèses ne vous sont pas encore connues, par exemple le montant d'argent que vous allez emprunter, les intérêts et le montant du versement sur cet emprunt. Ces renseignements viendront s'ajouter au fur et à mesure que vous avancerez dans vos prévisions financières.

12.2.2 Le bilan d'ouverture ou les coûts et le financement du projet

Le bilan d'ouverture (coûts et financement du projet) présente, d'un côté, tous les biens, les stocks et l'argent dont vous avez besoin pour démarrer votre entreprise, par exemple une bâtisse, un système informatique, les matières premières ou les biens à revendre, etc. Il comprend aussi toutes les sommes que vous avez à dépenser avant d'ouvrir les portes de l'entreprise, par exemple les frais légaux, les honoraires professionnels, les frais de recherche et développement, la publicité prédémarrage, etc.

De l'autre côté, il présente la façon dont vous comptez financer ces biens, ces stocks et cet argent. Outre votre mise de fonds, soit l'argent que vous et vos associés investirez, vous devez y indiquer les montants à emprunter ou le capital supplémentaire requis.

Lorsqu'on parle de capital supplémentaire, il s'agit d'une offre de votre part à des personnes qui désirent acheter des actions ou des parts dans votre projet d'entreprise. La principale différence entre un investissement en capital et un emprunt est que vous devez rembourser ce dernier sous forme de versements réguliers. Les investisseurs en capital sont, quant à eux, souvent prêts à attendre plusieurs années, jusqu'à ce que l'entreprise fasse des profits intéressants, avant de se faire rembourser leur investissement. En attendant ce jour, vous leur versez des dividendes si, et seulement si, l'entreprise fait des profits. Il est à remarquer qu'ils sont propriétaires de l'entreprise au même titre que vous.

En ce qui concerne les formes de financement disponibles pour les entrepreneurs, on retrouve essentiellement le financement conventionnel offert par les banques à charte et les caisses populaires (prêt à terme, hypothèque et marge de crédit), le financement de risque offert par les sociétés spécialisées en ce domaine (capital ou prêt), les garanties de prêts et les services techniques offerts par les divers paliers de gouvernement et, dans certains cas, les subventions. Voyons brièvement ces différentes formes de financement.

12.2.2.1 Le financement conventionnel

Les banques à charte et les caisses populaires offrent aux entrepreneurs la possibilité de financer leur projet avec des prêts adaptés aux différents biens à financer. Ainsi, elles peuvent financer une bâtisse moyennant une hypothèque, de l'équipement ou de l'outillage moyennant un prêt à terme et des stocks moyennant une marge de crédit. Il faut cependant se souvenir que le terme du prêt (le nombre d'années sur lesquelles sera remboursé le prêt) doit être égal ou inférieur à la durée de vie du bien. Ainsi, une bâtisse peut se financer sur 25 ans, mais pas un coffre d'outils; il est naturellement peu sensé de payer un bien qui n'est plus utilisable.

Les établissements financiers prendront en garantie le bien qu'ils financent afin de diminuer le risque de perdre leur argent; vous comprendrez alors qu'il est plus facile de financer un bien durable que des stocks.

Ainsi, il est fort peu probable que votre établissement financier vous accorde une marge de crédit afin de financer l'achat des stocks nécessaires pour le démarrage de votre entreprise, les stocks ne constituant pas une garantie solide pour un établissement financier. L'achat des stocks est alors une partie essentielle de la mise de fonds que les promoteurs doivent investir dans leur projet.

Enfin, au démarrage de votre entreprise, vous devez avoir accès à suffisamment d'argent liquide pour faire face aux obligations financières de votre entreprise durant les premiers mois d'activité de celle-ci, soit jusqu'au moment où votre entreprise fera assez de ventes pour payer ses frais et ses dettes. Cette somme d'argent se nomme les liquidités, qui ne sont généralement pas financées par les établissements financiers. Les liquidités nécessaires sont aussi une partie essentielle de la mise de fonds des promoteurs. Si vous n'avez pas suffisamment d'argent pour démarrer votre entreprise après avoir épuisé votre mise de fonds personnelle, celles de vos associés de même que toutes les possibilités de financement conventionnel, vous pouvez tenter d'obtenir du financement de risque ou du financement gouvernemental.

12.2.2.2 Le financement de risque

Vous pouvez avoir recours à du financement de risque (prêts ou capital), notamment auprès de sociétés spécialisées comme les centres d'aide aux entreprises, les sociétés d'aide au développement des collectivités, les sociétés de capital de risque et les SOLIDES. Il existe aussi plusieurs fonds locaux ou initiatives locales bien particulières à votre région. Pour identifier ces possibilités de financement de risque, nous vous conseillons de recourir aux services de la corporation de développement économique de votre région. Ces sociétés ou fonds de capital de risque pourront investir dans votre entreprise de deux façons, soit en devenant propriétaires avec vous de votre projet en achetant un pourcentage des actions de votre entreprise, soit en vous prêtant, à terme, les sommes nécessaires. Notez que ces fonds investissent généralement dans des entreprises très innovatrices, qui veulent développer ou commercialiser de nouvelles technologies.

12.2.2.3 Le financement gouvernemental

Les divers paliers de gouvernement offrent plusieurs possibilités de financement. Il existe tellement de programmes d'aide financière et technique qu'en faire la nomenclature est quasi impossible. Comme nous l'avons mentionné au chapitre 1, ces programmes sont décrits dans des volumes ou sur cédérom que vous pouvez trouver dans les bibliothèques des établissements d'enseignement supérieur. Pour vous faciliter la tâche, nous ne pouvons que vous conseiller, encore une fois, de recourir aux services de la corporation de développement économique de votre région et de vous procurer le guide *Comment fonder une entreprise* auprès de Communication-Québec.

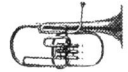 *Présentez le bilan d'ouverture de l'entreprise.*

Vous devez vous demander quoi faire avec les taxes de vente et les impôts dans vos prévisions financières. Si vous n'êtes pas inscrit à la TPS ni à la TVQ, indiquez simplement le coût d'achat et le montant des dépenses, en y incluant le total des taxes. Si vous y êtes inscrit, vous devez alors prévoir, dans les prochains états financiers prévisionnels, que les taxes que vous percevrez de vos clients (moins celles que vous débourserez sur vos dépenses) devront être remises au gouvernement à intervalles réguliers. Cet argent ne vous appartient pas et ne comptez pas sur lui pour arrondir vos fins de mois.

En ce qui a trait aux impôts ou charges fiscales, votre comptable pourra vous indiquer à quel pourcentage de vos profits vous pouvez estimer le montant d'impôt à remettre aux deux paliers de gouvernement, à la fin de l'année. N'oubliez pas les impôts fonciers (taxes municipales) ni toutes les autres taxes dans vos prévisions financières.

12.2.3 L'état des résultats prévisionnels

L'état des résultats prévisionnels (ou état des revenus et dépenses) présente, sur une base annuelle ou mensuelle, les revenus (chiffre d'affaires) que fera votre entreprise, de même que les dépenses qu'elle aura engagées durant cette même période. Le principe en est très simple : les revenus moins les dépenses égale le profit (ou la perte).

Pour préparer l'état des résultats prévisionnels, vous devez revenir à l'information contenue dans votre étude de marché afin d'évaluer, de la façon la plus réaliste possible, les ventes potentielles de votre entreprise. Vous devez aussi vous attendre à ce que les bailleurs de fonds jugent avec sévérité vos prévisions de revenus et de dépenses : c'est là une des raisons pour lesquelles vous devez préparer trois scénarios pour vos prévisions.

En effet, les bailleurs de fonds auront tendance à diminuer les revenus et à augmenter les dépenses que vous aurez prévus dans votre projet. Cela fait partie de leur travail d'évaluation de projet. Ils savent bien que la majorité des entrepreneurs oublient bien des dépenses et surévaluent les revenus, soit par manque d'expérience dans le secteur d'activité et en affaires, soit par manque d'expérience en finance.

Dans le corps du texte du plan d'affaires, indiquez au lecteur le chiffre d'affaires pour chaque année de la période couverte, de même que le moment où l'entreprise atteindra la rentabilité (fera des profits). Invitez-le à prendre connaissance des documents plus complets qui se trouvent en annexe.

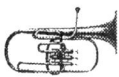

Présentez l'état des résultats prévisionnels, pour une période allant de trois à cinq ans, selon la nature et la rentabilité du projet. Cet état est monté par mois pour la première année, par trimestre pour la seconde et par année par la suite. Si la profitabilité est longue à atteindre, il peut être important de présenter l'état des résultats prévisionnels par mois, jusqu'à la période où l'on atteint la profitabilité.

12.2.4 Le budget de caisse

Le budget de caisse, ou mouvement de trésorerie, diffère de l'état des résultats prévisionnels du fait qu'il reflète les entrées et les sorties de fonds plutôt que les revenus et les dépenses. Par exemple, si vous faites une vente au comptant, il s'agit d'un revenu et d'une entrée de fonds ; par ailleurs, si vous faites une vente à crédit, il s'agit d'un revenu seulement, l'entrée de fonds aura lieu au moment où votre client vous paiera. Il en va de même pour les dépenses payées comptant et celles pour lesquelles on vous fera crédit.

Cet état financier prévisionnel est important, puisqu'il vous permet aussi d'évaluer la somme d'argent dont vous avez besoin au démarrage de l'entreprise afin de faire face à vos obligations financières, et ce, jusqu'au moment où votre entreprise fera suffisamment de ventes pour soutenir ces dites obligations. Il vous permet aussi de déterminer le moment où vous pourrez vous permettre de retirer un « salaire » de votre entreprise.

Le calcul du mouvement de trésorerie vous permettra de savoir combien d'argent il restera dans votre compte d'entreprise, et ce, mensuellement. Il sert aussi à déterminer, à l'avance, le ou les moments de l'année où vous pourriez avoir besoin de fonds supplémentaires. Cette information vous permet alors de négocier immédiatement une marge de crédit ou un prêt à terme pour faire face à ces diminutions de fonds prévues, lesquelles doivent faire partie de votre plan de démarrage ou de développement. Il vous permettra aussi de préparer vos bilans prévisionnels de fin d'année.

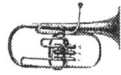 *Présentez le mouvement de trésorerie pour la même période que l'état des résultats prévisionnels, et ce, par mois, jusqu'à ce que vous ayez atteint une encaisse positive.*

12.2.5 Les bilans prévisionnels

Un bilan, c'est un état de la situation financière d'une entreprise à un moment donné. À la fin de chaque exercice financier (année financière), vous devez dresser un tel portrait. Il vous indique combien d'argent il vous reste, la valeur de votre équipement, ce qu'il vous reste en inventaire et combien vous doivent vos clients. Il vous indique aussi combien d'argent vous devez sur vos emprunts ou à vos fournisseurs, de même que la valeur de votre entreprise (votre investissement de départ plus les profits ou moins les pertes).

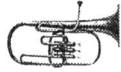 *Présentez les bilans prévisionnels, par année, pour la même période que les autres états prévisionnels (3 à 5 ans).*

12.3 L'ANALYSE FINANCIÈRE

Cette section du plan d'affaires vous permet de prévoir le moment précis où votre entreprise ne fera ni profit ni perte (le point mort ou seuil de rentabilité). Elle vous permet aussi de comparer les performances financières prévisionnelles de votre entreprise, comme le ratio de retour sur votre investissement, avec celles des entreprises du même secteur d'activité. Vous pouvez trouver ces ratios dans divers documents, notamment dans les statistiques financières publiées par Statistique Canada, par le Bureau de la Statistique du Québec et par Dunn & Bradstreet. Vous trouverez ces documents dans les bibliothèques des établissements d'enseignement supérieur.

12.3.1 Le seuil de rentabilité

Le seuil de rentabilité indique le moment où votre entreprise ne fera ni profit ni perte. Il se calcule habituellement pour la première année d'exploitation ou jusqu'à ce que l'entreprise devienne rentable. Dans le cas de la majorité des services, prenez note que la marge bénéficiaire est généralement de 100 %, puisqu'aucun coût direct n'est associé à sa prestation. Le seuil de rentabilité est alors égal au total des frais fixes.

Tout comme le mouvement de trésorerie, le seuil de rentabilité peut vous aider à déterminer le montant d'argent qu'il vous faut au démarrage afin de faire face aux obligations financières de votre entreprise. Il vous permet aussi de jouer avec des hypothèses de rentabilité. Par exemple : Que se passerait-il si j'augmentais ma marge bénéficiaire brute de 1 % ? Que se passerait-il si je diminuais mes frais fixes de 1 000 $?

Pour établir le seuil de rentabilité de votre entreprise, vous divisez simplement le total de vos frais fixes par votre marge bénéficiaire brute en pourcentage. Par exemple, 20 000 $ (frais fixes) divisé par 33 et multiplié par 100 (ou par .33) = 60 606 $; alors que 33 % est la marge bénéficiaire brute. Si vous pouviez payer moins cher vos matières premières ou vos biens à revendre et augmenter votre marge bénéficiaire brute à 35 %, votre seuil de rentabilité s'établirait alors à : 20 000 $ divisé par 35 % = 57 142 $, soit moins de ventes pour faire ni profit ni perte et des profits faits plus rapidement une fois dépassé ce montant de 57 142 $.

Pour calculer le seuil de rentabilité de votre entreprise, vous aurez donc besoin de deux renseignements importants : votre marge bénéficiaire brute et le total des frais fixes de votre entreprise. Nous avons déjà discuté de ces éléments au point 1.4 du chapitre 1.

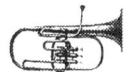 *Faites le calcul du point mort (seuil de rentabilité).*

12.3.2 Les ratios financiers

Le calcul des ratios financiers vous permet d'évaluer la santé financière de votre entreprise. Les bailleurs de fonds calculeront ces ratios si vous ne les leur fournissez pas. Ils examineront surtout les ratios reliés à la liquidité de l'entreprise, à son équilibre financier, à ses opérations et à sa rentabilité. Si les données sont disponibles, ils examineront ces ratios par rapport à ceux des entreprises du même secteur d'activité afin de voir si vous vous comparez avantageusement avec celles-ci.

Pour calculer les principaux ratios financiers, vous devez avoir terminé vos prévisions financières, puisque les renseignements contenus dans les bilans de fin d'année et les états des résultats serviront de base pour obtenir les données nécessaires. Les principaux ratios à présenter sont les suivants :

Ratio de liquidité : actif à court terme divisé par le passif à court terme

Le ratio de liquidité indique si l'entreprise a suffisamment de fonds (liquidités) afin de payer ses dettes à court terme. Ainsi, un ratio de 1 indique que l'entreprise a une valeur de 1 $ d'éléments d'actif à court terme (encaisse, stocks et comptes clients) pour chaque dollar de dettes à court terme (marge de crédit, comptes fournisseurs, portion de la dette à long terme due dans les 12 prochains mois).

Ratio de liquidité immédiate : actif à court terme moins les stocks divisé par le passif à court terme

Pour calculer le ratio de liquidité immédiate, on enlève les stocks du total de l'actif à court terme afin de simuler la situation où l'entreprise devrait payer toutes ces dettes à court terme sans avoir l'occasion de vendre ses stocks. Encore ici, un ratio de 1 indique que l'entreprise a 1 $ en argent ou en comptes clients pour payer chaque dollar de dettes à court terme.

Ratio d'endettement : passif à court terme et passif à long terme divisé par le total de l'actif

Ce ratio permet de déterminer quelle est la portion de l'entreprise qui est financée à la dette ; bref, la partie qui appartient aux créanciers par le biais de garanties. Il faut être prudent avec ce ratio, puisque les toutes jeunes entreprises sont souvent plus endettées que les plus vieilles.

Marge bénéficiaire brute : bénéfice brut divisé par les ventes

La marge bénéficiaire brute indique le montant d'argent ou le pourcentage des ventes dont l'entreprise dispose pour payer ses dépenses autres que le coût des marchandises vendues.

Marge bénéficiaire nette : bénéfice net divisé par les ventes

La marge bénéficiaire nette indique le montant d'argent ou le pourcentage des ventes qui représente le profit avant impôts de l'entreprise.

Ratio de rotation des stocks : coût des marchandises vendues divisé par les stocks de la fin

Le ratio de rotation des stocks indique le nombre de fois, par année, où les stocks ont été renouvelés. Selon le secteur d'activité, ce ratio peut varier énormément. Par exemple, dans la restauration, il est probablement autour de 50, alors que chez les concessionnaires automobiles, il peut être aussi bas que 3 ou 4.

Retour sur le capital investi : bénéfice net divisé par l'actif total

Ce ratio indique le pourcentage de rendement de l'actif total. Il permet de déterminer si les biens possédés par l'entreprise, les stocks et les liquidités sont utilisés à leur maximum et rapportent suffisamment pour satisfaire le ou les propriétaires.

Retour sur l'investissement : bénéfice net divisé par l'avoir du propriétaire

Ce ratio indique le rendement des sommes qui ont été investies dans l'entreprise par les promoteurs. On compare quelquefois ce ratio avec les taux d'intérêt offerts par les institutions financières pour des placements à terme. Par exemple, si votre argent, à la banque ou à la caisse, vous rapportait 5 % et que votre entreprise pouvait vous en rapporter 10 %, vous feriez une bonne affaire.

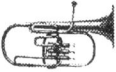 *Présentez les ratios financiers et comparez-les avec ceux de votre secteur d'activité, s'il y a lieu.*

12.4 LA RECHERCHE DE FINANCEMENT

L'entreprise qui recherche du financement doit s'attendre à consentir une contrepartie. Si l'on recherche du financement à la dette, il faudra déterminer ce que l'on est prêt à consentir en garantie. Si le financement provient d'un investisseur qui désire acquérir des actions dans l'entreprise, il faudra déterminer le pourcentage de propriété que l'on veut offrir pour la somme recherchée, tout en étant conscient que ce pourcentage servira de base de négociation de la part de l'investisseur. Il est donc important de prévoir une marge de manœuvre.

Dans un premier temps, vous devez donc déterminer les sources de financement et les programmes d'aide auxquels vous pourriez avoir recours et vérifier votre admissibilité de même que celle de votre projet à ces programmes d'aide. Ensuite, vous devez réserver les montants d'argent requis et définir les utilisations et les biens auxquels ces montants vont s'appliquer.

Cette étape de recherche de financement peut vous amener à changer vos prévisions financières, par exemple si vous obtenez un programme d'aide auquel vous ne vous attendiez pas (ce que nous vous souhaitons) ou encore si un établissement financier vous demande de diminuer vos exigences (ce qui est fort probable). Enfin, chaque fois qu'une source de financement est confirmée et que vous connaissez les conditions et les taux d'intérêt qui s'y appliqueront, vous devez remodeler vos prévisions financières en conséquence.

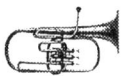
Dressez la liste des sources de financement et des programmes d'aide ou de soutien technique auxquels vous pourriez avoir recours dans votre milieu.

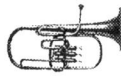
Déterminez le montant et la nature du financement recherché, soit le capital ou les emprunts, en indiquant l'utilisation que vous vous proposez d'en faire.

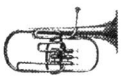
Décrivez les contreparties offertes: garanties ou pourcentage de la propriété.

Une fois cette section rédigée, mettez en annexe du plan d'affaires tout document pouvant attester vos dires et influencer favorablement le lecteur.

Exemple de la boutique *Viens bouquiner*

12 LE PLAN DES RESSOURCES FINANCIÈRES

12.1 Les ressources financières personnelles

Comme vous pourrez le constater à la lecture de mon bilan personnel, malgré une valeur nette de 17 250 $, je suis disposée à investir une somme de 14 575 $ dans mon projet. Mes besoins financiers personnels s'élèvent à 2 000 $ par mois, après impôts. Comme je l'ai mentionné précédemment, je m'attends à retirer 35 000 $ par année afin de satisfaire ces besoins financiers personnels, et ce, à compter de la deuxième année d'activité. Pour la première année, je me contenterai de 24 000 $. Cette somme me servira aussi à payer les impôts sur les bénéfices de mon entreprise, ceux-ci étant considérés comme mes propres revenus selon la loi sur l'entreprise individuelle.

12.2 La préparation des états financiers prévisionnels

Dans la préparation des états financiers prévisionnels, trois scénarios ont été inclus. Ces prévisions vous sont présentées en annexe. Dans les pages qui vont suivre, je vous rapporterai les principales conclusions, notamment celles issues des prévisions réalistes basées sur le chiffre d'affaires évalué dans l'étude du marché.

Le scénario pessimiste a été établi suivant l'hypothèse que l'entreprise ne dépasserait pas le seuil de rentabilité ; dans ce scénario, je restreins mes prélèvements afin de conserver la santé financière de l'entreprise.

Le scénario optimiste a été établi en augmentant les ventes au chiffre rond le plus près ; par exemple, 94 800 $ de vente est devenu 100 000 $. Dans ce scénario, je prends les mêmes prélèvements que dans le scénario réaliste.

En ce qui a trait au traitement des taxes provinciales et fédérales de vente, tous les montants indiqués dans les prévisions incluent ces taxes. Je n'ai pas tenu compte des entrées et des sorties de fonds reliées aux taxes afin de simplifier la préparation des états financiers. De plus, les impôts à payer ont été inclus dans les prélèvements (salaires) que je prendrai.

12.2.1 Les hypothèses de base

Dans les prévisions financières, même si je sais que l'année financière des entreprises individuelles se termine le 31 décembre de chaque année, j'ai considéré 3 périodes de 12 mois, la première débutant en mai 1997. J'ai ensuite établi le coût total du projet, excluant les liquidités nécessaires au démarrage, de la façon suivante :

Frais de démarrage :

Peinture du local	500 $
Installation des lampes	100 $
Décoration et brûleurs d'encens	250 $
Impression des signets	500 $
Impression et distribution des dépliants	700 $
Publicité de départ dans Le Nouvelliste	2 200 $
Fournitures de réparation de livres abîmés	500 $
Fournitures de bureau	500 $
Immatriculation de la raison sociale	30 $
Obtention du permis d'affaires	75 $
Taxes foncières pour les premiers mois	75 $
Premier versement d'assurance	50 $
Produits de nettoyage et d'entretien	30 $
Total des frais de démarrage :	5 510 $
Dépôt de sécurité pour le loyer (1 250 $) et pour le téléphone (200 $)	1 450 $

Immobilisations :

Enseigne extérieure	350 $
Équipement de bureau divers	1 000 $
Ordinateurs, imprimante et logiciels	5 000 $
Aménagement du local	3 000 $
Total des immobilisations	9 350 $
Stocks de départ	22 500 $
Coût total du projet	38 810 $

J'ai ensuite fait le sommaire des principales hypothèses qui ont servi à l'élaboration des prévisions financières :

HYPOTHÈSES	Année 1	Année 2	Année 3
	Du 1er mai 1997 au 30 avril 1998	Du 1er mai 1998 au 30 avril 1999	Du 1er mai 1999 au 30 avril 2000
Chiffres d'affaires	94 800 $	142 200 $	189 600 $
Frais variables :			
Achats (50 % des ventes)	47 400 $	71 100 $	94 800 $
Pertes (0,5 % des ventes)	474 $	711 $	948 $
Imprévus (1 % des ventes)	948 $	1 422 $	1 896 $
Pertes du premier mois (2 pour 1)	4 000 $		
Dépenses fixes, excluant les frais de démarrage :			
Publicité *Le Nouvelliste*	2 200 $	2 400 $	2 400 $
Publicité *L'En-tête*	960 $	960 $	960 $
Publicité *La Griffe*	448 $	448 $	448 $
Loyer (1500 pi^2 à 10 $)	15 000 $	15 000 $	15 000 $
Assurance	550 $	600 $	600 $
Entretien (produits et nettoyage)	270 $	300 $	300 $
Taxes foncières	75 $	75 $	
Amortissement	935 $	1 683 $	1 347 $
Téléphone	600 $	600 $	600 $
Fournitures de bureau	250 $	750 $	750 $
Poste et messagerie	120 $	120 $	120 $
Fournitures pour les livres abîmés	250 $	750 $	750 $
Immatriculation	30 $	30 $	
Frais financiers :			
Frais de services bancaires	240 $	240 $	240 $
Intérêts sur emprunt	2 040 $	1 682 $	1 276 $

J'ai aussi posé comme hypothèse que j'obtiendrais un prêt de 18 235 $, sur un terme de 5 ans, à un taux d'intérêt de 12 %. Cet emprunt serait amorti de la façon suivante :

Versement mensuel : 406 $

Dépenses en intérêts	Année 1	Année 2	Année 3
	2 040 $	1 682 $	1 276 $
Solde à payer	Après 1 an	Après 2 ans	Après 3 ans
Solde total	15 403 $	12 213 $	8 617 $
Portion à court terme	3 190 $	3 596 $	4 052 $
Portion à long terme	12 213 $	8 617 $	4 565 $

Ensuite, afin de déterminer le fonds de roulement (liquidités) nécessaire au démarrage, j'ai estimé qu'une somme pour couvrir les frais fixes des trois premiers mois serait suffisante. Ce montant est de 9 000 $. Le prêt de 15 000 $ fait par mes parents est remboursable dans 5 ans.

12.2.2 Le bilan d'ouverture

Au stade où en sont rendues mes démarches, le bilan d'ouverture prévu pour la boutique Viens bouquiner au 1er mai 1997 est le suivant :

Coût du projet		Financement du projet	
Liquidités nécessaires	9 000 $	Mise de fonds	14 575 $
Stocks	22 500 $	Prêt de mes parents	15 000 $
Frais de démarrage	6 960 $	Financement recherché	18 235 $
Immobilisations	9 350 $		
Coût total du projet	47 810 $	Financement total	47 810 $

12.2.3 L'état des résultats prévisionnels

Selon les prévisions réalistes, la boutique Viens bouquiner atteindra la rentabilité dès le deuxième trimestre d'activité de la première année. Les bénéfices nets d'exploitation seront, pour les trois premières années, respectivement de 12 605 $, 43 329 $ et 67 061 $.

12.2.4 Le mouvement de trésorerie

En ce qui concerne le mouvement de trésorerie, quoique l'encaisse passe de 9 000 $ au début à 1 218 $ à la fin de la première année, en aucun temps je ne prévois manquer de liquidités, toujours selon un scénario réaliste. La diminution de l'encaisse s'explique notamment par mes prélèvements. Le cas échéant, je me restreindrai dans les prélèvements afin de conserver une encaisse positive.

12.2.5 Les bilans prévisionnels

Les bilans prévisionnels accusent une diminution de l'avoir pour les deux premières années d'exploitation. Cette diminution s'explique aussi par mes prélèvements. Vous remarquerez aussi que, dès la troisième année, l'avoir a presque triplé.

12.3 L'analyse financière

12.3.1 Le seuil de rentabilité

Les frais fixes de l'entreprise se chiffrent à 30 321 $ pour la première année d'activité (voir l'état des résultats prévisionnels pour la première année en annexe).

Afin d'établir le seuil de rentabilité, j'ai soustrait 5 % à la marge brute estimée de 50 % afin de parer aux imprévus. Ainsi, le seuil de rentabilité de la boutique Viens bouquiner, pour la première année d'activité, est de 67 380 $, selon cette équation :

Frais fixes : 30 321 $
divisé par 45 % =
Seuil de rentabilité : 67 380 $

Toute chose étant égale par ailleurs, le seuil de rentabilité, calculé de la même façon, serait respectivement, pour les deuxième et troisième années d'activité, de 60 133 $ et de 59 536 $.

La diminution du seuil de rentabilité s'explique par la diminution de certains frais fixes, notamment les intérêts sur emprunt et les amortissements.

12.3.2 L'analyse des ratios financiers

Afin d'évaluer la santé financière présumée de l'entreprise, j'ai calculé les principaux ratios financiers.

Ratios	An 1	An 2	An 3
Ratio de liquidité			
An 1 : 25 168 $ / 3 190 $	7,9 fois		
An 2 : 31 990 $ / 3 596 $		8,9 fois	
An 3 : 61 801 $ / 4 052 $			15,25 fois
Ratio de liquidité immédiate			
An 1 : 2 668 $ / 3 190 $	0,8 fois		
An 2 : 9 490 $ / 3 596 $		2,6 fois	
An 3 : 39 301 $ / 4 052 $			9,7 fois
Ratio d'endettement			
An 1 : 30 403 $ / 33 583 $	90,5 %		
An 2 : 27 213 $ / 38 722 $		70,3 %	
An 3 : 23 617 $ / 67 187 $			35,2 %
Marge bénéficiaire brute			
An 1 : 42 926 $ / 94 800 $	45,2 %		
An 2 : 70 389 $ / 142 200 $		49,5 %	
An 3 : 93 852 $ / 189 600 $			49,5 %
Marge bénéficiaire nette			
An 1 : 12 605 $ / 94 800 $	13,3 %		
An 2 : 43 329 $ / 142 200 $		30,4 %	
An 3 : 67 061 $ / 189 600 $			35,4 %
Rotation des stocks			
An 1 : 51 874 $ / 22 500 $	2,3 fois		
An 2 : 71 811 $ / 22 500 $		3,2 fois	
An 3 : 94 800 $ / 22 500 $			4,2 fois
Retour sur le capital investi			
An 1 : 12 605 $ / 33 583 $	37,5 %		
An 2 : 43 329 $ / 38 722 $		111,9 %	
An 3 : 67 061 $ / 67 187 $			99,8 %
Retour sur l'investissement			
An 1 : 12 605 $ / 3 180 $	396,4 %		
An 2 : 43 329 $ / 11 509 $		376,5 %	
An 3 : 67 061 $ / 43 570 $			153,9 %

Aucun ratio publié n'existe sur les boutiques de livres d'occasion; je n'ai donc pas pu comparer mes propres ratios avec ceux du secteur. J'ai cependant étudié mes résultats avec beaucoup d'attention et je peux en tirer les conclusions suivantes :

- Le ratio de liquidité indique que j'ai la possibilité de payer mes dettes à court terme sans difficulté. Cependant, si j'examine le ratio de liquidité immédiate, qui exclut les stocks de l'actif à court terme, la première année semble plus problématique en cas d'imprévus. Par la suite, je n'entrevois aucune difficulté.
- Le ratio d'endettement indique que ma position s'améliore d'année en année, même si 90 % des actifs appartiennent encore aux créanciers après un an d'exploitation. Il faut cependant dire que le prêt de mes parents, qui ne diminue pas durant les premières années, donne un portrait légèrement distordu de la réalité.
- Comme il a été mentionné précédemment, la marge bénéficiaire brute calculée selon les ratios comprend la provision pour perte de 0,5 %, ce qui explique qu'elle soit de 49,5 % au lieu de 50 % pour les deuxième et troisième années d'exploitation. En ce qui a trait à la première année d'exploitation, elle inclut aussi la perte due à la promotion d'ouverture.
- La marge bénéficiaire nette augmente d'année en année. Il faut cependant dire que les impôts ne figurent pas dans cette donnée, puisque ceux-ci s'appliqueront à ce profit, mais c'est moi qui devrai les payer.
- Le ratio de rotation des stocks indique que je renouvellerai complètement mes stocks deux fois la première année, trois fois la deuxième année et quatre fois la troisième année. Ceci indique une nette amélioration dans les ventes.
- Le ratio de retour sur le capital investi indique que les actifs de l'entreprise, avant impôts, sont bien utilisés et rapportent beaucoup plus que leur valeur.
- Le ratio de retour sur le capital investi indique que, si mon entreprise atteint ses objectifs, mon investissement, en argent et en temps, sera rentable ; il exclut cependant encore une fois les impôts.

12.4 La recherche de financement

Comme il a été mentionné précédemment, je suis à la recherche d'un financement à terme de 18 235 $. En garantie, je peux offrir l'équipement et le mobilier, une valeur de 9 350 $. La différence pourrait être assurée par une garantie personnelle ou, le cas échéant, par une garantie de mon père.

Entre-temps, j'irai vérifier mon admissibilité et celle du projet au programme Jeune Promoteur du ministère de l'Industrie, du Commerce, de la Science et de la Technologie. Si cela s'avère possible, ce programme me permettra d'obtenir une subvention maximale de 6 000 $.

Enfin, je pense que ce projet pourrait être admissible à la garantie de prêt fédérale (prêt aux petites entreprises), qui garantit à l'établissement financier 90 % d'un prêt accordé pour financer des biens d'équipement.

a) Prévisions financières selon un scénario réaliste

BILAN D'OUVERTURE ET BILANS PRÉVISIONNELS

	Ouverture	An 1	An 2	An 3
ÉLÉMENTS D'ACTIF				
Actif à court terme				
Encaisse	9 000 $	1 218 $	8 040 $	37 851 $
Dépôts de sécurité	1 450 $	1 450 $	1 450 $	1 450 $
Inventaire	22 500 $	22 500 $	22 500 $	22 500 $
Frais de démarrage	5 510 $			
Total de l'actif à court terme	38 460 $	25 168 $	31 990 $	61 801 $
Actif à long terme				
Équipement et mobilier	9 350 $	9 350 $	9 350 $	9 350 $
Amortissement accumulé (1)		935 $	2 618 $	3 964 $
Actif à long terme net	9 350 $	8 415 $	6 732 $	5 386 $
Total des éléments d'actif	47 810 $	33 583 $	38 722 $	67 187 $
ÉLÉMENTS DE PASSIF ET DE L'AVOIR				
Passif à court terme				
Portion à court terme de la dette à long terme (2)	2 832 $	3 190 $	3 596 $	4 052 $
Total du passif à court terme	2 832 $	3 190 $	3 596 $	4 052 $
Passif à long terme				
Portion à long terme de la dette	15 403 $	12 213 $	8 617 $	4 565 $
Prêt de mes parents	15 000 $	15 000 $	15 000 $	15 000 $
Total du passif à long terme	30 403 $	27 213 $	23 617 $	19 565 $
Total des éléments de passif	33 235 $	30 403 $	27 213 $	23 617 $
AVOIR DE LA PROPRIÉTAIRE				
Avoir au début	0 $	14 575 $	3 180 $	11 509 $
Mise de fonds	14 575 $			
Retraits		24 000 $	35 000 $	35 000 $
Solde de l'avoir	14 575 $	(9 425 $)	(31 820 $)	(23 491 $)
Bénéfice ou perte de la période		12 605 $	43 329 $	67 061 $
Avoir à la fin	14 575 $	3 180 $	11 509 $	43 570 $
Total des éléments de passif et de l'avoir	47 810 $	33 583 $	38 722 $	67 187 $

(1) Amortissement des immobilisations, 20 % du solde dégressif
(2) Versement mensuel de 406 $ sur un prêt initial de 18 235 $, sur 5 ans à 12 %.

ÉTATS DES RÉSULTATS PRÉVISIONNELS

	An 1	An 2	An 3
Ventes	94 800 $	142 200 $	189 600 $
COÛT DES VENTES			
Inventaire au début	22 500 $	22 500 $	22 500 $
Achats de la période	47 400 $	71 100 $	94 800 $
Inventaire de la fin	22 500 $	22 500 $	22 500 $
Coût des ventes	47 400 $	71 100 $	94 800 $
Autres frais de vente			
Perte pour rabais d'ouverture	4 000 $		
Perte pour vol et achat de livres abimés (0,5%)	474 $	711 $	948 $
Coût des marchandises vendues	51 874 $	71 811 $	95 748 $
Marge bénéficiaire brute	42 926 $	70 389 $	93 852 $
DÉPENSES			
Loyer	15 000 $	15 000 $	15 000 $
Assurance	600 $	600 $	600 $
Téléphone	600 $	600 $	600 $
Entretien, réparation et décoration	1 150 $	300 $	300 $
Papeteries et fournitures de bureau	750 $	750 $	750 $
Fournitures de réparation	750 $	750 $	750 $
Taxes, permis et immatriculation	180 $	105 $	105 $
Poste et messagerie	120 $	120 $	120 $
Publicité	7 008 $	3 808 $	3 808 $
Imprévus et divers (1 % des ventes)	948 $	1 422 $	1 896 $
Frais de banque	240 $	240 $	240 $
Intérêts sur emprunt	2 040 $	1 682 $	1 276 $
Amortissement	935 $	1 683 $	1 346 $
Total des dépenses	30 321 $	27 060 $	26 791 $
Bénéfice net d'exploitation	12 605 $	43 329 $	67 061 $

ÉTATS DES RÉSULTATS PRÉVISIONNELS TRIMESTRIELS
PREMIÈRE ANNÉE D'OPÉRATION

	Trimestre 1	Trimestre 2	Trimestre 3	Trimestre 4
Ventes	21 900 $	24 700 $	23 700 $	24 500 $
COÛT DES VENTES				
Inventaire au début	22 500 $	22 500 $	22 500 $	22 500 $
Achats de la période	10 950 $	12 350 $	11 850 $	12 250 $
Inventaire de la fin	22 500 $	22 500 $	22 500 $	22 500 $
Coût des ventes	10 950 $	12 350 $	11 850 $	12 250 $
Autres frais de vente				
Perte pour rabais d'ouverture	4 000 $			
Perte pour vol et achat de livres abimés (0,5%)	110 $	124 $	119 $	123 $
Coût des marchandises vendues	15 060 $	12 474 $	11 969 $	12 373 $
Marge bénéficiaire brute	6 841 $	12 227 $	11 732 $	12 128 $
DÉPENSES				
Loyer	3 750 $	3 750 $	3 750 $	3 750 $
Assurance	150 $	150 $	150 $	150 $
Téléphone	150 $	150 $	150 $	150 $
Entretien, réparation et décoration	925 $	75 $	75 $	75 $
Papeteries et fournitures de bureau	500 $		250 $	
Fournitures de réparation	500 $		250 $	
Taxes, permis et immatriculation	180 $			
Poste et messagerie	30 $	30 $	30 $	30 $
Publicité	3 252 $	1 104 $	1 326 $	1 326 $
Imprévus et divers (1 % des ventes)	219 $	247 $	237 $	245 $
Frais de banque	60 $	60 $	60 $	60 $
Intérêts sur emprunt	540 $	520 $	495 $	485 $
Amortissement	233 $	233 $	234 $	235 $
Total des dépenses	10 489 $	6 319 $	7 007 $	6 506 $
Bénéfice net d'exploitation	(3 649 $)	5 908 $	4 725 $	5 622 $

MOUVEMENT DE TRÉSORERIE GLOBALE

	An 1	An 2	An 3
Encaisse début	9 000 $	1 218 $	8 040 $
Entrées de fonds (ventes au comptant)	94 800 $	142 200 $	189 600 $
Sorties de fonds			
Achats	47 400 $	71 100 $	94 800 $
Perte de promotion et d'achats	4 474 $	711 $	948 $
Loyer	15 000 $	15 000 $	15 000 $
Assurance	550 $	600 $	600 $
Téléphone	600 $	600 $	600 $
Entretien, réparation et décoration	270 $	300 $	300 $
Papeteries et fournitures de bureau	250 $	750 $	750 $
Fournitures de réparation	250 $	750 $	750 $
Taxes, permis et immatriculation		105 $	105 $
Poste et messagerie	120 $	120 $	120 $
Publicité	3 608 $	3 808 $	3 808 $
Imprévus et divers (1 % des ventes)	948 $	1 422 $	1 896 $
Frais de banque	240 $	240 $	240 $
Versement sur emprunt	4 872 $	4 872 $	4 872 $
Retrait de la propriétaire	24 000 $	35 000 $	35 000 $
Total des sorties de fonds	102 582 $	135 378 $	159 789 $
Encaisse fin	1 218 $	8 040 $	37 851 $

MOUVEMENT DE TRÉSORERIE MENSUEL
PREMIÈRE ANNÉE D'OPÉRATION

	Mois 1	Mois 2	Mois 3	Mois 4	Mois 5	Mois 6
Encaisse début	9 000 $	5 096 $	4 505 $	3 887 $	3 511 $	3 930 $
Entrées de fonds	7 900 $	7 000 $	7 000 $	7 500 $	9 500 $	7 700 $
Sorties de fonds						
Achats	3 950 $	3 500 $	3 500 $	3 750 $	4 750 $	3 850 $
Pertes	4 040 $	35 $	35 $	38 $	48 $	39 $
Loyer	1 250 $	1 250 $	1 250 $	1 250 $	1 250 $	1 250 $
Assurance		50 $	50 $	50 $	50 $	50 $
Téléphone	50 $	50 $	50 $	50 $	50 $	50 $
Entretien...			27 $	27 $	27 $	27 $
Papeterie...						
Réparation						
Taxes, permis						
Poste et mess.	10 $	10 $	10 $	10 $	10 $	10 $
Publicité		200 $	200 $	200 $	376 $	376 $
Imprévus	79 $	70 $	70 $	75 $	95 $	77 $
Frais de banque	20 $	20 $	20 $	20 $	20 $	20 $
Versement	406 $	406 $	406 $	406 $	406 $	406 $
Retrait	2 000 $	2 000 $	2 000 $	2 000 $	2 000 $	2 000 $
Total des sorties	11 805 $	7 591 $	7 618 $	7 876 $	9 082 $	8 155 $
Encaisse fin	5 096 $	4 505 $	3 887 $	3 511 $	3 930 $	3 475 $

	Mois 7	Mois 8	Mois 9	Mois 10	Mois 11	Mois 12
Encaisse début	3 475 $	3 021 $	2 163 $	1 903 $	1 594 $	1 285 $
Entrées de fonds	7 700 $	7 900 $	8 100 $	8 000 $	8 000 $	8 500 $
Sorties de fonds						
Achats	3 850 $	3 950 $	4 050 $	4 000 $	4 000 $	4 250 $
Pertes	39 $	40 $	41 $	40 $	40 $	43 $
Loyer	1 250 $	1 250 $	1 250 $	1 250 $	1 250 $	1 250 $
Assurance	50 $	50 $	50 $	50 $	50 $	50 $
Téléphone	50 $	50 $	50 $	50 $	50 $	50 $
Entretien...	27 $	27 $	27 $	27 $	27 $	27 $
Papeterie...		250 $				
Réparation		250 $				
Taxes, permis						
Poste et mess.	10 $	10 $	10 $	10 $	10 $	10 $
Publicité	376 $	376 $	376 $	376 $	376 $	376 $
Imprévus	77 $	79 $	81 $	80 $	80 $	85 $
Frais de banque	20 $	20 $	20 $	20 $	20 $	20 $
Versement	406 $	406 $	406 $	406 $	406 $	406 $
Retrait	2 000 $	2 000 $	2 000 $	2 000 $	2 000 $	2 000 $
Total des sorties	8 155 $	8 758 $	8 361 $	8 309 $	8 309 $	8 567 $
Encaisse fin	3 021 $	2 163 $	1 903 $	1 594 $	1 285 $	1 218 $

MOUVEMENT DE TRÉSORERIE TRIMESTRIEL
DEUXIÈME ANNÉE D'OPÉRATION

	Trimestre 1	Trimestre 2	Ttrimestre 3	Trimestre 4
Encaisse début	1 218 $	555 $	1 844 $	3 543 $
Entrées de fonds	30 000 $	35 000 $	36 000 $	41 200 $
Sorties de fonds				
Achats	15 000 $	17 500 $	18 000 $	20 600 $
Pertes	150 $	175 $	180 $	206 $
Loyer	3 750 $	3 750 $	3 750 $	3 750 $
Assurance	150 $	150 $	150 $	150 $
Téléphone	150 $	150 $	150 $	150 $
Entretien...	75 $	75 $	75 $	75 $
Papeterie...	200 $	250 $	150 $	150 $
Réparation	200 $	250 $	150 $	150 $
Taxes, permis	30 $		75 $	
Poste et mess.	30 $	30 $	30 $	30 $
Publicité	600 $	1 003 $	1 203 $	1 002 $
Imprévus	300 $	350 $	360 $	412 $
Frais de banque	60 $	60 $	60 $	60 $
Versement	1 218 $	1 218 $	1 218 $	1 218 $
Retrait	8 750 $	8 750 $	8 750 $	8 750 $
Total des sorties	30 663 $	33 711 $	34 301 $	36 703 $
Encaisse fin	555 $	1 844 $	3 543 $	8 040 $

MOUVEMENT DE TRÉSORERIE TRIMESTRIEL
TROISIÈME ANNÉE D'OPÉRATION

	Trimestre 1	Trimestre 2	Ttrimestre 3	Trimestre 4
Encaisse début	8 040 $	14 652 $	21 761 $	29 280 $
Entrées de fonds	45 000 $	47 000 $	48 000 $	49 600 $
Sorties de fonds				
Achats	22 500 $	23 500 $	24 000 $	24 800 $
Pertes	225 $	235 $	240 $	248 $
Loyer	3 750 $	3 750 $	3 750 $	3 750 $
Assurance	150 $	150 $	150 $	150 $
Téléphone	150 $	150 $	150 $	150 $
Entretien...	75 $	75 $	75 $	75 $
Papeterie...	200 $	250 $	150 $	150 $
Réparation	200 $	250 $	150 $	150 $
Taxes, permis	30 $		75 $	
Poste et mess.	30 $	30 $	30 $	30 $
Publicité	600 $	1 003 $	1 203 $	1 002 $
Imprévus	450 $	470 $	480 $	496 $
Frais de banque	60 $	60 $	60 $	60 $
Versement	1 218 $	1 218 $	1 218 $	1 218 $
Retrait	8 750 $	8 750 $	8 750 $	8 750 $
Total des sorties	38 388 $	39 891 $	40 481 $	41 029 $
Encaisse fin	14 652 $	21 761 $	29 280 $	37 851 $

b) Prévisions financières selon un scénario pessimiste

BILAN D'OUVERTURE ET BILANS PRÉVISIONNELS

	Ouverture	An 1	An 2	An 3
ÉLÉMENTS D'ACTIF				
Actif à court terme				
Encaisse	9 000 $	6 919 $	3 939 $	669 $
Dépôts de sécurité	1 450 $	1 450 $	1 450 $	1 450 $
Inventaire	22 500 $	22 500 $	22 500 $	22 500 $
Frais de démarrage	5 510 $			
Total de l'actif à court terme	38 460 $	30 869 $	27 889 $	24 619 $
Actif à long terme				
Équipement et mobilier	9 350 $	9 350 $	9 350 $	9 350 $
Amortissement accumulé (1)		935 $	2 618 $	3 964 $
Actif à long terme net	9 350 $	8 415 $	6 732 $	5 386 $
Total des éléments d'actif	47 810 $	39 284 $	34 621 $	30 005 $
ÉLÉMENTS DE PASSIF ET DE L'AVOIR				
Passif à court terme				
Portion à court terme de la dette à long terme (2)	2 832 $	3 190 $	3 596 $	4 052 $
Total du passif à court terme	2 832 $	3 190 $	3 596 $	4 052 $
Passif à long terme				
Portion à long terme de la dette	15 403 $	12 213 $	8 617 $	4 565 $
Prêt de mes parents	15 000 $	15 000 $	15 000 $	15 000 $
Total du passif à long terme	30 403 $	27 213 $	23 617 $	19 565 $
Total des éléments de passif	33 235 $	30 403 $	27 213 $	23 617 $
AVOIR DE LA PROPRIÉTAIRE				
Avoir au début	0 $	14 575 $	8 881 $	7 408 $
Mise de fonds	14 575 $			
Retraits		5 000 $	5 000 $	5 000 $
Solde de l'avoir	14 575 $	9 575 $	3 881 $	2 408 $
Bénéfice ou perte de la période		(694 $)	3 527 $	3 980 $
Avoir à la fin	14 575 $	8 881 $	7 408 $	6 388 $
Total des éléments de passif et de l'avoir	47 810 $	39 284 $	34 621 $	30 005 $

(1) Amortissement des immobilisations, 20 % du solde dégressif
(2) Versement mensuel de 406 $ sur un prêt initial de 18 235 $, sur 5 ans à 12 %.

ÉTATS DES RÉSULTATS PRÉVISIONNELS

	An 1	An 2	An 3
Ventes	67 380 $	60 134 $	59 536 $
COÛT DES VENTES			
Inventaire au début	22 500 $	22 500 $	22 500 $
Achats de la période	33 690 $	30 067 $	29 768 $
Inventaire de la fin	22 500 $	22 500 $	22 500 $
Coût des ventes	33 690 $	30 067 $	29 768 $
Autres frais de vente			
Perte pour rabais d'ouverture	4 000 $		
Perte pour vol et achat de livres abimés (0,5%)	337 $	301 $	298 $
Coût des marchandises vendues	38 027 $	30 368 $	30 066 $
Marge bénéficiaire brute	29 353 $	29 766 $	29 470 $
DÉPENSES			
Loyer	15 000 $	15 000 $	15 000 $
Assurance	600 $	600 $	600 $
Téléphone	600 $	600 $	600 $
Entretien, réparation et décoration	1 150 $	300 $	300 $
Papeteries et fournitures de bureau	750 $	750 $	750 $
Fournitures de réparation	750 $	750 $	750 $
Taxes, permis et immatriculation	180 $	105 $	105 $
Poste et messagerie	120 $	120 $	120 $
Publicité	7 008 $	3 808 $	3 808 $
Imprévus et divers (1 % des ventes)	674 $	601 $	595 $
Frais de banque	240 $	240 $	240 $
Intérêts sur emprunt	2 040 $	1 682 $	1 276 $
Amortissement	935 $	1 683 $	1 346 $
Total des dépenses	30 047 $	26 239 $	25 490 $
Bénéfice net d'exploitation	(694 $)	3 527 $	3 980 $

ÉTATS DES RÉSULTATS PRÉVISIONNELS TRIMESTRIELS
PREMIÈRE ANNÉE D'OPÉRATION

	Trimestre 1	Trimestre 2	Trimestre 3	Trimestre 4
Ventes	16 845 $	16 845 $	16 845 $	16 845 $
COÛT DES VENTES				
Inventaire au début	22 500 $	22 500 $	22 500 $	22 500 $
Achats de la période	8 423 $	8 423 $	8 423 $	8 423 $
Inventaire de la fin	22 500 $	22 500 $	22 500 $	22 500 $
Coût des ventes	8 423 $	8 423 $	8 423 $	8 423 $
Autres frais de vente				
Perte pour rabais d'ouverture	4 000 $			
Perte pour vol et achat de livres abimés (0,5%)	84 $	84 $	84 $	84 $
Coût des marchandises vendues	12 507 $	8 507 $	8 507 $	8 507 $
Marge bénéficiaire brute	4 338 $	8 338 $	8 338 $	8 338 $
DÉPENSES				
Loyer	3 750 $	3 750 $	3 750 $	3 750 $
Assurance	150 $	150 $	150 $	150 $
Téléphone	150 $	150 $	150 $	150 $
Entretien, réparation et décoration	925 $	75 $	75 $	75 $
Papeteries et fournitures de bureau	500 $		250 $	
Fournitures de réparation	500 $		250 $	
Taxes, permis et immatriculation	180 $			
Poste et messagerie	30 $	30 $	30 $	30 $
Publicité	3 252 $	1 104 $	1 326 $	1 326 $
Imprévus et divers (1 % des ventes)	168 $	168 $	168 $	168 $
Frais de banque	60 $	60 $	60 $	60 $
Intérêts sur emprunt	540 $	520 $	495 $	485 $
Amortissement	233 $	233 $	234 $	235 $
Total des dépenses	10 438 $	6 240 $	6 938 $	6 429 $
Bénéfice net d'exploitation	(6 100 $)	2 098 $	1 400 $	1 909 $

MOUVEMENT DE TRÉSORERIE GLOBALE

	An 1	An 2	An 3
Encaisse début	9 000 $	6 919 $	3 939 $
Entrées de fonds (ventes au comptant)	67 380 $	60 134 $	59 536 $
Sorties de fonds			
Achats	33 690 $	30 067 $	29 768 $
Perte de promotion et d'achats	4 337 $	301 $	298 $
Loyer	15 000 $	15 000 $	15 000 $
Assurance	550 $	600 $	600 $
Téléphone	600 $	600 $	600 $
Entretien, réparation et décoration	270 $	300 $	300 $
Papeteries et fournitures de bureau	250 $	750 $	750 $
Fournitures de réparation	250 $	750 $	750 $
Taxes, permis et immatriculation		105 $	105 $
Poste et messagerie	120 $	120 $	120 $
Publicité	3 608 $	3 808 $	3 808 $
Imprévus et divers (1 % des ventes)	674 $	601 $	595 $
Frais de banque	240 $	240 $	240 $
Versement sur emprunt	4 872 $	4 872 $	4 872 $
Retrait de la propriétaire	5 000 $	5 000 $	5 000 $
Total des sorties de fonds	69 461 $	63 114 $	62 806 $
Encaisse fin	6 919 $	3 939 $	669 $

MOUVEMENT DE TRÉSORERIE MENSUEL

PREMIÈRE ANNÉE D'OPÉRATION

	Mois 1	Mois 2	Mois 3	Mois 4	Mois 5	Mois 6
Encaisse début	9 000 $	5 987 $	6 725 $	7 435 $	8 145 $	8 679 $
Entrées de fonds	5 615 $	5 615 $	5 615 $	5 615 $	5 615 $	5 615 $
Sorties de fonds						
Achats	2 808 $	2 808 $	2 808 $	2 808 $	2 808 $	2 808 $
Pertes	4 028 $	28 $	28 $	28 $	28 $	28 $
Loyer	1 250 $	1 250 $	1 250 $	1 250 $	1 250 $	1 250 $
Assurance		50 $	50 $	50 $	50 $	50 $
Téléphone	50 $	50 $	50 $	50 $	50 $	50 $
Entretien...			27 $	27 $	27 $	27 $
Papeterie...						
Réparation						
Taxes, permis						
Poste et mess.	10 $	10 $	10 $	10 $	10 $	10 $
Publicité		200 $	200 $	200 $	376 $	376 $
Imprévus	56 $	56 $	56 $	56 $	56 $	56 $
Frais de banque	20 $	20 $	20 $	20 $	20 $	20 $
Versement	406 $	406 $	406 $	406 $	406 $	406 $
Retrait						2 500 $
Total des sorties	8 628 $	4 878 $	4 905 $	4 905 $	5 081 $	7 581 $
Encaisse fin	5 987 $	6 725 $	7 435 $	8 145 $	8 679 $	6 714 $

	Mois 7	Mois 8	Mois 9	Mois 10	Mois 11	Mois 12
Encaisse début	6 714 $	7 248 $	7 282 $	7 816 $	8 351 $	8 885 $
Entrées de fonds	5 615 $	5 615 $	5 615 $	5 615 $	5 615 $	5 615 $
Sorties de fonds						
Achats	2 808 $	2 808 $	2 808 $	2 808 $	2 808 $	2 808 $
Pertes	28 $	28 $	28 $	28 $	28 $	28 $
Loyer	1 250 $	1 250 $	1 250 $	1 250 $	1 250 $	1 250 $
Assurance	50 $	50 $	50 $	50 $	50 $	50 $
Téléphone	50 $	50 $	50 $	50 $	50 $	50 $
Entretien...	27 $	27 $	27 $	27 $	27 $	27 $
Papeterie...		250 $				
Réparation		250 $				
Taxes, permis						
Poste et mess.	10 $	10 $	10 $	10 $	10 $	10 $
Publicité	376 $	376 $	376 $	376 $	376 $	376 $
Imprévus	56 $	56 $	56 $	56 $	56 $	56 $
Frais de banque	20 $	20 $	20 $	20 $	20 $	20 $
Versement	406 $	406 $	406 $	406 $	406 $	406 $
Retrait						2 500 $
Total des sorties	5 081 $	5 581 $	5 081 $	5 081 $	5 081 $	7 581 $
Encaisse fin	7 248 $	7 282 $	7 816 $	8 351 $	8 885 $	6 919 $

MOUVEMENT DE TRÉSORERIE TRIMESTRIEL
DEUXIÈME ANNÉE D'OPÉRATION

	Trimestre 1	Trimestre 2	Ttrimestre 3	Trimestre 4
Encaisse début	6 919 $	7 747 $	5 602 $	5 882 $
Entrées de fonds	15 033 $	15 033 $	15 033 $	15 034 $
Sorties de fonds				
Achats	7 517 $	7 517 $	7 517 $	7 517 $
Pertes	75 $	75 $	75 $	75 $
Loyer	3 750 $	3 750 $	3 750 $	3 750 $
Assurance	150 $	150 $	150 $	150 $
Téléphone	150 $	150 $	150 $	150 $
Entretien...	75 $	75 $	75 $	75 $
Papeterie...	200 $	250 $	150 $	150 $
Réparation	200 $	250 $	150 $	150 $
Taxes, permis	30 $		75 $	
Poste et mess.	30 $	30 $	30 $	30 $
Publicité	600 $	1 003 $	1 203 $	1 002 $
Imprévus	150 $	150 $	150 $	150 $
Frais de banque	60 $	60 $	60 $	60 $
Versement	1 218 $	1 218 $	1 218 $	1 218 $
Retrait		2 500 $		2 500 $
Total des sorties	14 205 $	17 178 $	14 753 $	16 978 $
Encaisse fin	7 747 $	5 602 $	5 882 $	3 939 $

MOUVEMENT DE TRÉSORERIE TRIMESTRIEL
TROISIÈME ANNÉE D'OPÉRATION

	Trimestre 1	Trimestre 2	Ttrimestre 3	Trimestre 4
Encaisse début	3 939 $	4 695 $	2 477 $	2 685 $
Entrées de fonds	14 884 $	14 884 $	14 884 $	14 884 $
Sorties de fonds				
Achats	7 442 $	7 442 $	7 442 $	7 442 $
Pertes	74 $	74 $	74 $	74 $
Loyer	3 750 $	3 750 $	3 750 $	3 750 $
Assurance	150 $	150 $	150 $	150 $
Téléphone	150 $	150 $	150 $	150 $
Entretien...	75 $	75 $	75 $	75 $
Papeterie...	200 $	250 $	150 $	150 $
Réparation	200 $	250 $	150 $	150 $
Taxes, permis	30 $		75 $	
Poste et mess.	30 $	30 $	30 $	30 $
Publicité	600 $	1 003 $	1 203 $	1 002 $
Imprévus	149 $	149 $	149 $	149 $
Frais de banque	60 $	60 $	60 $	60 $
Versement	1 218 $	1 218 $	1 218 $	1 218 $
Retrait		2 500 $		2 500 $
Total des sorties	14 128 $	17 101 $	14 676 $	16 900 $
Encaisse fin	4 695 $	2 477 $	2 685 $	669 $

c) Prévisions financières selon un scénario optimiste

BILAN D'OUVERTURE ET BILANS PRÉVISIONNELS

	Ouverture	An 1	An 2	An 3
ÉLÉMENTS D'ACTIF				
Actif à court terme				
Encaisse	9 000 $	3 740 $	14 345 $	49 200 $
Dépôts de sécurité	1 450 $	1 450 $	1 450 $	1 450 $
Inventaire	22 500 $	22 500 $	22 500 $	22 500 $
Frais de démarrage	5 510 $			
Total de l'actif à court terme	38 460 $	27 690 $	38 295 $	73 150 $
Actif à long terme				
Équipement et mobilier	9 350 $	9 350 $	9 350 $	9 350 $
Amortissement accumulé (1)		935 $	2 618 $	3 964 $
Actif à long terme net	9 350 $	8 415 $	6 732 $	5 386 $
Total des éléments d'actif	47 810 $	36 105 $	45 027 $	78 536 $
ÉLÉMENTS DE PASSIF ET DE L'AVOIR				
Passif à court terme				
Portion à court terme de la dette à long terme (2)	2 832 $	3 190 $	3 596 $	4 052 $
Total du passif à court terme	2 832 $	3 190 $	3 596 $	4 052 $
Passif à long terme				
Portion à long terme de la dette	15 403 $	12 213 $	8 617 $	4 565 $
Prêt de mes parents	15 000 $	15 000 $	15 000 $	15 000 $
Total du passif à long terme	30 403 $	27 213 $	23 617 $	19 565 $
Total des éléments de passif	33 235 $	30 403 $	27 213 $	23 617 $
AVOIR DE LA PROPRIÉTAIRE				
Avoir au début	0 $	14 575 $	5 702 $	17 814 $
Mise de fonds	14 575 $			
Retraits		24 000 $	35 000 $	35 000 $
Solde de l'avoir	14 575 $	(9 425 $)	(29 298 $)	(17 186 $)
Bénéfice ou perte de la période		15 127 $	47 112 $	72 105 $
Avoir à la fin	14 575 $	5 702 $	17 814 $	54 919 $
Total des éléments de passif et de l'avoir	47 810 $	36 105 $	45 027 $	78 536 $

(1) Amortissement des immobilisations, 20 % du solde dégressif
(2) Versement mensuel de 406 $ sur un prêt initial de 18 235 $, sur 5 ans à 12 %.

ÉTATS DES RÉSULTATS PRÉVISIONNELS

	An 1	An 2	An 3
Ventes	100 000 $	150 000 $	200 000 $
COÛT DES VENTES			
Inventaire au début	22 500 $	22 500 $	22 500 $
Achats de la période	50 000 $	75 000 $	100 000 $
Inventaire de la fin	22 500 $	22 500 $	22 500 $
Coût des ventes	50 000 $	75 000 $	100 000 $
Autres frais de vente			
Perte pour rabais d'ouverture	4 000 $		
Perte pour vol et achat de livres abimés (0,5%)	500 $	750 $	1 000 $
Coût des marchandises vendues	54 500 $	75 750 $	101 000 $
Marge bénéficiaire brute	45 500 $	74 250 $	99 000 $
DÉPENSES			
Loyer	15 000 $	15 000 $	15 000 $
Assurance	600 $	600 $	600 $
Téléphone	600 $	600 $	600 $
Entretien, réparation et décoration	1 150 $	300 $	300 $
Papeteries et fournitures de bureau	750 $	750 $	750 $
Fournitures de réparation	750 $	750 $	750 $
Taxes, permis et immatriculation	180 $	105 $	105 $
Poste et messagerie	120 $	120 $	120 $
Publicité	7 008 $	3 808 $	3 808 $
Imprévus et divers (1 % des ventes)	1 000 $	1 500 $	2 000 $
Frais de banque	240 $	240 $	240 $
Intérêts sur emprunt	2 040 $	1 682 $	1 276 $
Amortissement	935 $	1 683 $	1 346 $
Total des dépenses	30 373 $	27 138 $	26 895 $
Bénéfice net d'exploitation	15 127 $	47 112 $	72 105 $

ÉTATS DES RÉSULTATS PRÉVISIONNELS TRIMESTRIELS
PREMIÈRE ANNÉE D'OPÉRATION

	Trimestre 1	Trimestre 2	Trimestre 3	Trimestre 4
Ventes	25 000 $	25 000 $	25 000 $	25 000 $
COÛT DES VENTES				
Inventaire au début	22 500 $	22 500 $	22 500 $	22 500 $
Achats de la période	12 500 $	12 500 $	12 500 $	12 500 $
Inventaire de la fin	22 500 $	22 500 $	22 500 $	22 500 $
Coût des ventes	12 500 $	12 500 $	12 500 $	12 500 $
Autres frais de vente				
Perte pour rabais d'ouverture	4 000 $			
Perte pour vol et achat de livres abimés (0,5%)	125 $	125 $	125 $	125 $
Coût des marchandises vendues	16 625 $	12 625 $	12 625 $	12 625 $
Marge bénéficiaire brute	8 375 $	12 375 $	12 375 $	12 375 $
DÉPENSES				
Loyer	3 750 $	3 750 $	3 750 $	3 750 $
Assurance	150 $	150 $	150 $	150 $
Téléphone	150 $	150 $	150 $	150 $
Entretien, réparation et décoration	925 $	75 $	75 $	75 $
Papeteries et fournitures de bureau	500 $		250 $	
Fournitures de réparation	500 $		250 $	
Taxes, permis et immatriculation	180 $			
Poste et messagerie	30 $	30 $	30 $	30 $
Publicité	3 252 $	1 104 $	1 326 $	1 326 $
Imprévus et divers (1 % des ventes)	250 $	250 $	250 $	250 $
Frais de banque	60 $	60 $	60 $	60 $
Intérêts sur emprunt	540 $	520 $	495 $	485 $
Amortissement	233 $	233 $	234 $	235 $
Total des dépenses	10 520 $	6 322 $	7 020 $	6 511 $
Bénéfice net d'exploitation	(2 145 $)	6 053 $	5 355 $	5 864 $

MOUVEMENT DE TRÉSORERIE GLOBALE

	An 1	An 2	An 3
Encaisse début	9 000 $	3 740 $	14 345 $
Entrées de fonds (ventes au comptant)	100 000 $	150 000 $	200 000 $
Sorties de fonds			
Achats	50 000 $	75 000 $	100 000 $
Perte de promotion et d'achats	4 500 $	750 $	1 000 $
Loyer	15 000 $	15 000 $	15 000 $
Assurance	550 $	600 $	600 $
Téléphone	600 $	600 $	600 $
Entretien, réparation et décoration	270 $	300 $	300 $
Papeteries et fournitures de bureau	250 $	750 $	750 $
Fournitures de réparation	250 $	750 $	750 $
Taxes, permis et immatriculation		105 $	105 $
Poste et messagerie	120 $	120 $	120 $
Publicité	3 608 $	3 808 $	3 808 $
Imprévus et divers (1 % des ventes)	1 000 $	1 500 $	2 000 $
Frais de banque	240 $	240 $	240 $
Versement sur emprunt	4 872 $	4 872 $	4 872 $
Retrait de la propriétaire	24 000 $	35 000 $	35 000 $
Total des sorties de fonds	105 260 $	139 395 $	165 145 $
Encaisse fin	3 740 $	14 345 $	49 200 $

MOUVEMENT DE TRÉSORERIE MENSUEL
PREMIÈRE ANNÉE D'OPÉRATION

	Mois 1	Mois 2	Mois 3	Mois 4	Mois 5	Mois 6
Encaisse début	9 000 $	5 306 $	5 361 $	5 390 $	5 418 $	5 271 $
Entrées de fonds	8 333 $	8 333 $	8 333 $	8 333 $	8 333 $	8 333 $
Sorties de fonds						
Achats	4 167 $	4 167 $	4 167 $	4 167 $	4 167 $	4 167 $
Pertes	4 042 $	42 $	42 $	42 $	42 $	42 $
Loyer	1 250 $	1 250 $	1 250 $	1 250 $	1 250 $	1 250 $
Assurance		50 $	50 $	50 $	50 $	50 $
Téléphone	50 $	50 $	50 $	50 $	50 $	50 $
Entretien...			27 $	27 $	27 $	27 $
Papeterie...						
Réparation						
Taxes, permis						
Poste et mess.	10 $	10 $	10 $	10 $	10 $	10 $
Publicité		200 $	200 $	200 $	376 $	376 $
Imprévus	83 $	83 $	83 $	83 $	83 $	83 $
Frais de banque	20 $	20 $	20 $	20 $	20 $	20 $
Versement	406 $	406 $	406 $	406 $	406 $	406 $
Retrait	2 000 $	2 000 $	2 000 $	2 000 $	2 000 $	2 000 $
Total des sorties	12 027 $	8 277 $	8 304 $	8 304 $	8 480 $	8 480 $
Encaisse fin	5 306 $	5 361 $	5 390 $	5 418 $	5 271 $	5 123 $

	Mois 7	Mois 8	Mois 9	Mois 10	Mois 11	Mois 12
Encaisse début	5 123 $	4 976 $	4 328 $	4 181 $	4 033 $	3 886 $
Entrées de fonds	8 333 $	8 333 $	8 333 $	8 333 $	8 333 $	8 337 $
Sorties de fonds						
Achats	4 167 $	4 167 $	4 167 $	4 167 $	4 167 $	4 169 $
Pertes	42 $	42 $	42 $	42 $	42 $	42 $
Loyer	1 250 $	1 250 $	1 250 $	1 250 $	1 250 $	1 250 $
Assurance	50 $	50 $	50 $	50 $	50 $	50 $
Téléphone	50 $	50 $	50 $	50 $	50 $	50 $
Entretien...	27 $	27 $	27 $	27 $	27 $	27 $
Papeterie...		250 $				
Réparation		250 $				
Taxes, permis						
Poste et mess.	10 $	10 $	10 $	10 $	10 $	10 $
Publicité	376 $	376 $	376 $	376 $	376 $	376 $
Imprévus	83 $	83 $	83 $	83 $	83 $	83 $
Frais de banque	20 $	20 $	20 $	20 $	20 $	20 $
Versement	406 $	406 $	406 $	406 $	406 $	406 $
Retrait	2 000 $	2 000 $	2 000 $	2 000 $	2 000 $	2 000 $
Total des sorties	8 480 $	8 980 $	8 480 $	8 480 $	8 480 $	8 483 $
Encaisse fin	4 976 $	4 328 $	4 181 $	4 033 $	3 886 $	3 740 $

MOUVEMENT DE TRÉSORERIE TRIMESTRIEL
DEUXIÈME ANNÉE D'OPÉRATION

	Trimestre 1	Trimestre 2	Ttrimestre 3	Trimestre 4
Encaisse début	3 740 $	6 715 $	9 216 $	11 643 $
Entrées de fonds	37 500 $	37 500 $	37 500 $	37 500 $
Sorties de fonds				
Achats	18 750 $	18 750 $	18 750 $	18 750 $
Pertes	188 $	188 $	188 $	188 $
Loyer	3 750 $	3 750 $	3 750 $	3 750 $
Assurance	150 $	150 $	150 $	150 $
Téléphone	150 $	150 $	150 $	150 $
Entretien...	75 $	75 $	75 $	75 $
Papeterie...	200 $	250 $	150 $	150 $
Réparation	200 $	250 $	150 $	150 $
Taxes, permis	30 $		75 $	
Poste et mess.	30 $	30 $	30 $	30 $
Publicité	600 $	1 003 $	1 203 $	1 002 $
Imprévus	375 $	375 $	375 $	375 $
Frais de banque	60 $	60 $	60 $	60 $
Versement	1 218 $	1 218 $	1 218 $	1 218 $
Retrait	8 750 $	8 750 $	8 750 $	8 750 $
Total des sorties	34 526 $	34 999 $	35 074 $	34 798 $
Encaisse fin	6 715 $	9 216 $	11 643 $	14 345 $

MOUVEMENT DE TRÉSORERIE TRIMESTRIEL
TROISIÈME ANNÉE D'OPÉRATION

	Trimestre 1	Trimestre 2	Ttrimestre 3	Trimestre 4
Encaisse début	14 345 $	23 382 $	31 946 $	40 435 $
Entrées de fonds	50 000 $	50 000 $	50 000 $	50 000 $
Sorties de fonds				
Achats	25 000 $	25 000 $	25 000 $	25 000 $
Pertes	250 $	250 $	250 $	250 $
Loyer	3 750 $	3 750 $	3 750 $	3 750 $
Assurance	150 $	150 $	150 $	150 $
Téléphone	150 $	150 $	150 $	150 $
Entretien...	75 $	75 $	75 $	75 $
Papeterie...	200 $	250 $	150 $	150 $
Réparation	200 $	250 $	150 $	150 $
Taxes, permis	30 $		75 $	
Poste et mess.	30 $	30 $	30 $	30 $
Publicité	600 $	1 003 $	1 203 $	1 002 $
Imprévus	500 $	500 $	500 $	500 $
Frais de banque	60 $	60 $	60 $	60 $
Versement	1 218 $	1 218 $	1 218 $	1 218 $
Retrait	8 750 $	8 750 $	8 750 $	8 750 $
Total des sorties	40 963 $	41 436 $	41 511 $	41 235 $
Encaisse fin	23 382 $	31 946 $	40 435 $	49 200 $

Les applications propres à mon projet

Éléments de contenu du plan d'affaires	Cet élément s'applique-t-il à mon projet ?	Date d'échéance pour cette étape	Sources d'information à utiliser
Bilan et besoins financiers personnels			
Hypothèses à incidences financières			
Bilan d'ouverture			
Charges fiscales et impôts fonciers			
État des résultats prévisionnels			
Mouvements de trésorerie prévisionnels			
Bilans prévisionnels			
Seuil de rentabilité			
Ratios financiers			
Comparaison des ratios financiers avec le secteur d'activité			
Sources de financement pour le projet			
Montant et nature du financement recherché			
Garanties ou contreparties offertes			

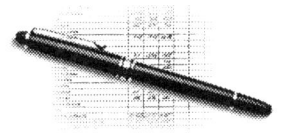

CHAPITRE 13

Les dernières étapes

Accrochez le lecteur!

Une fois que toutes les sections du plan d'affaires sont rédigées, il vous reste à préparer la présentation finale du document. Cette présentation finale comprendra, outre le plan d'affaires comme tel, le sommaire, la table des matières et les annexes du plan d'affaires.

13.1 LA PRÉPARATION DU SOMMAIRE

La première partie du plan d'affaires est, en fait, la dernière que vous allez écrire. Ceux que vous sollicitez pour lire votre plan d'affaires sont souvent des gens qui en reçoivent un nombre important et qui ont des agendas chargés. Ils ne peuvent investir tout le temps requis pour lire, dans leurs détails, tous les plans soumis. En conséquence, **il est important de soumettre un sommaire en première partie du plan d'affaires**. Cela étant dit, il va de soi que le sommaire que vous présenterez doit être accrocheur, il doit inciter le lecteur à pousser sa lecture plus en profondeur. Cette partie du plan d'affaires ne devrait pas comporter plus de deux pages.

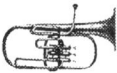 Faites une description sommaire de l'entreprise que vous vous proposez de créer.

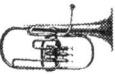 Présentez sommairement l'équipe entrepreneuriale et les compétences de celle-ci par rapport à l'occasion d'affaires.

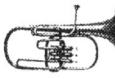 Décrivez l'occasion d'affaires que vous vous proposez d'exploiter, de même que la stratégie mise de l'avant pour l'exploiter.

 Décrivez sommairement le marché visé, de même que son potentiel en ce qui concerne le chiffre d'affaires.

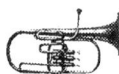 Mentionnez les avantages que votre produit ou votre service possède par rapport à ceux des concurrents.

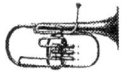 Faites état de la rentabilité du projet en ce qui a trait au profit escompté, au retour sur investissement, aux retombées économiques dans le milieu et autres, s'il y a lieu.

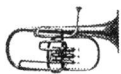 Indiquez le montant de financement recherché, s'il y a lieu, et ce que l'entreprise offre en retour, de même que l'utilisation proposée des fonds sollicités.

13.2 LA PRÉPARATION DE LA TABLE DES MATIÈRES

Comme suite à la présentation du sommaire, présentez une table des matières du contenu détaillé de votre plan d'affaires, en y indiquant le numéro de la page où l'on retrouve le début de chacune des sections.

13.3 L'AJOUT DES ANNEXES

Nous avons relevé, dans le texte, certains documents qui pouvaient être présentés en annexe afin d'alléger la présentation du plan d'affaires. On pourra ainsi inclure en annexe les curriculum vitæ détaillés, les spécifications techniques du produit et les photos, la liste des clients potentiels, la liste des fournisseurs, les descriptions de tâches, les résultats des études de marché, les rapports des conseillers, des copies de documents légaux, la convention entre les actionnaires, des lettres de références, des articles pertinents et tout autre document susceptible d'augmenter la crédibilité du projet auprès des lecteurs éventuels.

On doit aussi présenter en annexe la liste des ouvrages et volumes de référence utilisés pour les recherches d'information.

Exemple de la boutique

PLAN D'AFFAIRES

Boutique Viens bouquiner

Présenté par

ANNE JOUBERT
444, rue Louis-Pinard, app. 4
Trois-Rivières (Québec) G8Y 8Y8
Téléphone : (819) 699-9900

JANVIER 1997

1 LE SOMMAIRE

La boutique Viens bouquiner offrira à tous les amants du livre le plus large choix de livres d'occasion de l'agglomération de Trois-Rivières. Les livres offerts seront en bonne condition et répondront à des critères stricts de qualité, le tout à des prix comparables à ceux de la concurrence. Le bouquinage se déroulera dans une ambiance professionnelle, calme, classique et bien organisée.

Future propriétaire de la boutique, je bénéficie d'une expérience en bibliothèque et, pour combler mes petites lacunes en droit et en comptabilité, je m'entourerai d'une équipe de conseillers formée de mon conjoint et de deux amies très proches.

Le marché visé par la boutique Viens bouquiner est composé des 40 500 personnes âgées de 15 ans et plus, possédant un diplôme ou un certificat d'études secondaires, et qui ont l'habitude d'acheter des livres. Au total, ce marché représente près de 5 millions de dollars de livres vendus par année dans l'agglomération de Trois-Rivières.

La boutique Viens bouquiner a comme objectif de prendre 2 % de ce marché pour la première année d'activité, soit un chiffre d'affaires potentiel de 94 800 $. Cet objectif de vente sera atteint en utilisant une stratégie publicitaire bien ciblée et en offrant à la clientèle potentielle des avantages concurrentiels indéniables.

Parmi ces avantages, mentionnons le prix de vente comparable, l'organisation systématique des volumes en vente, les conseils professionnels, un emplacement facile d'accès et une ambiance classique et chaleureuse.

Cette stratégie me permettra d'obtenir des rendements des plus intéressants, notamment une marge bénéficiaire nette de 13 % dès la première année d'activité et un retour sur investissement de 150 % à la troisième année d'activité.

Afin de réaliser le projet, je suis à la recherche d'un financement de 18 235 $, qui serait garanti par l'équipement et une garantie personnelle.

Dans les pages qui vont suivre, vous trouverez le plan d'affaires complet de la boutique Viens bouquiner. Je suis disponible pour répondre à toutes les questions que cette lecture soulèvera lors d'une rencontre prochaine.

TABLE DES MATIÈRES

1. **Le sommaire** 1
2. **La description de l'organisation et de l'occasion d'affaires** 3
   - 2.1 La raison sociale, la forme juridique et l'état d'avancement du projet 3
   - 2.2 L'énoncé de la mission de l'entreprise et la description de l'occasion d'affaires 4
     - 2.2.1 La mission de l'entreprise 4
     - 2.2.2 L'occasion d'affaires 5
   - 2.3 Les objectifs poursuivis
   - 2.4 L'analyse du secteur d'activité et de l'environnement général
     - 2.4.1 Le secteur d'activité
     - 2.4.2 L'environnement général
       - 2.4.2.1 L'environnement politique et légal
       - 2.4.2.2 L'environnement économique
       - 2.4.2.3 L'environnement social et culturel
       - 2.4.2.4 L'environnement technologique
       - 2.4.2.5 L'environnement écologique
     - 2.4.3 Le sommaire des occasions et des menaces de l'environnement
3. **L'équipe entrepreneuriale**
   - 3.1 L'entrepreneur ou l'équipe entrepreneuriale
   - 3.2 Le choix des partenaires
   - 3.3 Les droits et les devoirs des actionnaires ou des associés
4. **L'analyse du marché**
   - 4.1 L'identification de la clientèle et l'évaluation des marchés
     - 4.1.1 La description de la clientèle
     - 4.1.2 L'évaluation de la demande globale
     - 4.1.3 L'évaluation de la demande pour le marché cible
     - 4.1.4 Les facteurs déterminants de la demande
   - 4.2 L'analyse de la concurrence
     - 4.2.1 L'analyse de la concurrence indirecte
     - 4.2.2 L'analyse de la concurrence directe
   - 4.3 Le choix stratégique
   - 4.4 L'évaluation du chiffre d'affaires

5 **Le plan de localisation**
   5.1 Le choix de la localisation et de l'emplacement
   5.2 Le sommaire des coûts de localisation
6 **Le plan de marketing**
   6.1 La description du produit ou du service
   6.2 Le prix de vente
   6.3 La publicité et la promotion
      6.3.1 Les promotions
      6.3.2 La publicité
   6.4 La stratégie de distribution
   6.5 La politique de service après-vente et de garantie
   6.6 Le sommaire des coûts de marketing
7 **Le plan des opérations**
   7.1 Le besoin et la disponibilité des biens à revendre
   7.2 La description de la technologie utilisée et du processus d'exploitation
   7.3 L'aménagement du local et l'équipement requis
   7.4 La gestion des opérations
   7.5 Le sommaire des coûts du plan des opérations
8 **Le plan écologique**
   8.1 Les risques écologiques et environnementaux
   8.2 Les lois et règlements environnementaux s'appliquant au projet
   8.3 Le sommaire des coûts du plan écologique
9 **Le plan des ressources humaines**
   9.1 Les besoins en main-d'œuvre
   9.2 Les investisseurs non actifs et le parrainage
   9.3 Le conseil d'administration ou le comité de gestion
   9.4 Les conseillers externes
   9.5 Le sommaire des coûts du plan des ressources humaines
10 **Le plan de développement de l'entreprise**
   10.1 Les objectifs à long terme et la croissance de l'entreprise
   10.2 Le développement futur du produit ou du service
   10.3 L'évaluation continuelle du marché
   10.4 Le sommaire des coûts de développement

11 Le calendrier de réalisation, le plan de gestion des risques et les solutions de rechange

11.1 Le calendrier de réalisation

11.2 L'obtention des permis et le respect des lois et règlements

11.3 Le plan de gestion des risques et les solutions de rechange

11.4 Le sommaire des coûts légaux et de gestion des risques

12 Le plan des ressources financières

12.1 Les ressources financières personnelles

12.2 La préparation des états financiers prévisionnels

    12.2.1 Les hypothèses de base

    12.2.2 Le bilan d'ouverture

    12.2.3 L'état des résultats prévisionnels

    12.2.4 Le mouvement de trésorerie

    12.2.5 Les bilans prévisionnels

12.3 L'analyse financière

    12.3.1 Le seuil de rentabilité

    12.3.2 L'analyse des ratios financiers

12.4 La recherche de financement

Annexes[1]

- Bibliographie et références
- Curriculum vitæ de la promotrice et de l'équipe entrepreneuriale
- Prévisions financières

1. Outre la bibliographie et les références, les annexes ont été présentées avec les parties du plan d'affaires auxquelles elles se rapportent.

BIBLIOGRAPHIE ET RÉFÉRENCES

BELLEY, André et Jean LORRAIN. *Guide de préparation du plan d'affaires : Concours Devenez entrepreneur(e)*, Québec, 1992.

GOUVERNEMENT DU CANADA. *L'observateur économique canadien*, Statistique Canada, Ottawa, 1994.

GOUVERNEMENT DU CANADA. *Répartition du revenu au Canada selon la taille du revenu*, Statistique Canada, Ottawa, 1994.

GOUVERNEMENT DU CANADA. *Dépenses des familles au Canada*, Statistique Canada, Ottawa, 1992.

GOUVERNEMENT DU CANADA. *Recueil statistique des études de marché*, Statistique Canada, Ottawa, 1995.

GOUVERNEMENT DU QUÉBEC. *Guide : Fonder une entreprise*, 3e édition, Communication-Québec, Québec, 1994.

GOUVERNEMENT DU QUÉBEC. *Résultat de l'enquête auprès des librairies et autres points de vente de livres*, ministère de la Culture, Québec, 1992.

GOUVERNEMENT DU QUÉBEC. *L'industrie du livres - II : les librairies agréées*, ministère de la Culture, Québec, 1992.

GOUVERNEMENT DU QUÉBEC. *Les comportements des Québécois en matière d'activités culturelles et de loisirs - 1989*, ministère des Affaires culturelles, Québec, 1990.

LACHANCE, Gabrielle. *Le rapport industrie / culture - 4 : le livre*, Institut québécois de recherche sur la culture, Québec, 1987.

BANQUE ROYALE. *Bulletin commercial*, 1994.

LA PRESSE. *Salon du livre de Montréal : le livre du troisième type*, supplément du 12 novembre 1994, page 12.

Conclusion

Nous avons mentionné en introduction que le plan d'affaires pouvait servir à différentes fins. Sa raison d'être principale est de rassurer l'entrepreneur lui-même que le projet poursuivi est viable. Il est également utilisé pour trouver du financement, pour convaincre des partenaires potentiels, pour trouver de nouveaux clients et, finalement, pour trouver de nouveaux fournisseurs.

Les objectifs poursuivis par les uns étant différents de ceux poursuivis par les autres, il est important que l'on puisse adapter le contenu du plan afin de faire ressortir les dimensions les plus importantes pour chacun d'eux. Ainsi, si l'on est à la recherche de financement auprès d'établissements financiers ou d'investisseurs privés, il est important de faire ressortir la rentabilité du projet et la capacité de l'entreprise de pouvoir faire face à ses obligations financières. Si l'on est à la recherche de partenaires, il sera important de mettre de l'avant l'avantage potentiel qu'ils peuvent en retirer, tant sur les plans personnel et professionnel qu'économique et fiscal.

Si vous utilisez le plan d'affaires pour recruter de nouveaux clients, vous devez insister sur les caractéristiques du produit ou du service, que ce soit la qualité, le prix, le service après-vente ou la garantie offerte. Si vous êtes à la recherche de fournisseurs, mettez l'accent sur le potentiel de ventes additionnelles que représente votre entreprise. Dans les deux cas, vous devez démontrer la viabilité de votre projet afin de les assurer de la durabilité de la relation qu'ils pourraient choisir d'entretenir avec vous. N'oubliez pas que les clients et les fournisseurs représentent également des sources potentielles pour obtenir du financement.

Le plan d'affaires a de multiples usages ; il vous suffit de le moduler de façon à en tirer tous les avantages.

Pour la recherche de financement auprès d'investisseurs professionnels, notamment lorsque vous êtes à la recherche de capital de risque, voici le processus à suivre.

Un premier contact avec l'investisseur est fait par téléphone, préférablement à la suite d'une première introduction faite par une personne qui a ses entrées dans le réseau. Il vous faudra être suffisamment convaincant dans la présentation de votre projet pour amener l'investisseur à en savoir plus. L'investisseur intéressé demande alors copie du plan d'affaires. Il est de pratique acceptable, quoique peu utilisée, de faire signer un accord de confidentialité par l'investisseur potentiel.

À partir de l'analyse du plan d'affaires, l'investisseur potentiel regarde l'expérience passée de l'équipe et son potentiel à mener à bien les destinées de l'entreprise. Il s'intéressera également au secteur d'activité et à son potentiel de croissance, à l'avantage concurrentiel offert par l'entreprise, à l'aspect financier actuel et futur et, finalement, à l'équité offerte pour le prix demandé. Si son intérêt tient toujours, il convoquera les promoteurs en entrevue.

Avant de vous rendre à toute entrevue avec un bailleur de fonds, nous vous suggérons de faire réviser votre plan d'affaires et votre présentation par un conseiller externe, votre parrain ou votre marraine d'affaires par exemple. Ce conseiller pourra vous poser toutes les questions qui pourraient surgir dans une entrevue de financement pour ainsi vous assurer d'être en mesure de répondre à toute demande d'information ou toute interrogation que le bailleur de fonds pourrait avoir envers votre projet.

On n'a jamais une deuxième chance de faire une bonne première impression. C'est la seule chance qui vous sera offerte de convaincre verbalement l'investisseur du potentiel du projet. En conséquence, il est très important de faire une présentation professionnelle. Au cours de la présentation, l'investisseur va essayer d'évaluer l'équipe entrepreneuriale, ses connaissances des marchés et du produit, ses capacités de gestion, etc. De son côté, l'entrepreneur évaluera la valeur de l'investisseur, son intérêt et sa réputation sur le marché.

Par la suite, l'investisseur poussera plus loin ses recherches sur le projet. Il vérifiera d'abord le potentiel de marché, fera enquête sur l'équipe entrepreneuriale, évaluera la faisabilité technique du projet et vérifiera l'analyse financière présentée. Ce processus d'analyse peut s'avérer assez long. Ce n'est qu'une fois cette analyse faite que vont commencer les négociations qui pourront déboucher sur une entente par la suite.

Il est important de ne pas laisser tous ses œufs dans le même panier. Il ne faudrait pas vous limiter à un seul investisseur, votre pouvoir de négociation en serait réduit. Le choix des investisseurs potentiels doit cependant être fait avec prudence. Parmi les critères de sélection, on pourra regarder l'intérêt dans les entreprises en démarrage, l'intérêt dans le secteur d'activité, la capacité et l'intérêt à fournir des conseils, à donner un appui moral et à fournir d'autres contacts. Il est important de choisir un investisseur avec qui on s'entend, et qui a bonne réputation et bonne éthique.

Bibliographie
Si vous voulez aller plus loin !

ASSOCIATION DES MANUFACTURIERS CANADIENS. *Canadian Trade Index,* publication annuelle faisant la liste des entreprises manufacturières canadiennes.

BELLEY, André, Louis DUSSAULT et Jean LORRAIN. *Le plan d'établissement prototype : analyse critique du contenu de plans d'affaires,* ministère de l'Agriculture, des Pêcheries et de l'Alimentation, Québec, 1989.

BELLEY, André et Jean LORRAIN. *Guide de préparation du plan d'affaires : concours Devenez entrepreneur(e),* Fédération des cégeps et Fondation de l'Entrepreneurship, Québec et Charlesbourg, 1992.

CENTRE DE RECHERCHE INDUSTRIELLE DU QUÉBEC (CRIQ). *Répertoire des produits fabriqués et distribués au Québec,* publication annuelle disponible en format volume et sur cédérom dans les bibliothèques universitaires.

COSSETTE, Claude. *Faire sa publicité soi-même, 2e édition,* Les Éditions Transcontinental inc., Montréal, 1989.

DALPÉ, Robert et Réjean LANDRY. *La politique technologique au Québec, politique et économie,* série « Études canadiennes », Les presses de l'Université de Montréal, Montréal, 1993.

DUNN & BRADSTREET. Volumes de référence contenant des ratios d'entreprise permettant de préparer les prévisions financières et le seuil de rentabilité, documents disponibles à la bibliothèque de l'Université de Sherbrooke.

FILION, Louis-Jacques. *Vision et relations : clefs du succès de l'entrepreneur*, Les Éditions de l'entrepreneur, Montréal, 1991.

FILION, Louis-Jacques. *Les entrepreneurs parlent : neuf entrepreneurs, de cinq pays différents, font part du cheminement qui a mené leur entreprise au succès*, Les Éditions de l'entrepreneur, Montréal, 1990.

FRASER. *Canadian Trade Directory*, publication annuelle faisant la liste des entreprises manufacturières canadiennes.

GAGNÉ, Pierrette et LEFÈVE, Michel (sous la direction de). *L'Atlas industriel du Québec*, Publi-Relais, Montréal, 1993.

GOUVERNEMENT DU CANADA. *Catalogue de Statistique Canada 1994*, catalogue 11-204F, ministère de l'Industrie, des Sciences et de la Technologie, Ottawa, 1994.
- Entre autres :

Cat. 13-208 *Revenus des familles, familles de recensement* (ISSN 0703-7368)

Cat. 63-555 *Dépenses des familles au Canada* (ISSN 0838-3715)

Cat. 32-211 *Produits livrés par les fabricants canadiens* (ISSN 0575-9455)

Cat. 63-005 *Commerce de détail* (ISSN 0380-6146)

Cat. 63-015 *Bulletin des industries de service* (ISSN 0847-0901)

Cat. 63-224 *Recueil statistique des études de marché* (ISSN 0590-9325)

Cat. 61-008 *Statistiques financières trimestrielles des entreprises* (ISSN 1180-3169)

Cat. 61-219P *Statistiques financières des entreprises, préliminaire* (ISSN 1188-7389)

Brochures publiées par l'Office de la propriété intellectuelle du Canada, 1994 :
- *Guide de topographies de circuits intégrés*
- *Guide des droits d'auteur*
- *Guide des marques de commerce*
- *Guide des dessins industriels*
- *Guide des brevets*

GOUVERNEMENT DU QUÉBEC. *Connaître ses clients et leurs besoins : guide pratique d'analyse de besoin*, ministère du Loisir, de la Chasse et de la Pêche, Service de la recherche et de l'analyse de marché, Les Publications du Québec, Québec, 1992.

GOUVERNEMENT DU QUÉBEC. *Fonder une entreprise, 5e édition*, Communication-Québec, Québec, 1996.

GOUVERNEMENT DU QUÉBEC. *Les principales formes juridiques de l'entreprise au Québec, 2e édition revue et corrigée*, Les Publications du Québec, Québec, 1994.

GOUVERNEMENT DU QUÉBEC. *Le Québec statistiques, 60e édition 1995*, Les Publications du Québec, Bureau de la Statistique du Québec, Québec, 1995.

GOUVERNEMENT DU QUÉBEC. *Répertoire des ensembles de données statistiques, Bureau de la Statistique du Québec, édition 1994*, Les Publications du Québec, Bureau de la Statistique du Québec, Québec, 1994.

GOUVERNEMENT DU QUÉBEC. *Répertoire des ensembles de données statistiques, ministères et organismes gouvernementaux, édition 1994*, Les Publications du Québec, Bureau de la Statistique du Québec, Québec, 1994.

LAFLAMME, Marcel. *Le management : approche systémique, théorie et cas*, Gaëtan Morin Éditeur, Chicoutimi, 1981.

MALOUIN, Jean-Louis et Yvon GASSE. *L'innovation technologique dans les PME manufacturières*, études de cas et enquêtes, Institut de recherches politiques, programme PME, Québec et Ottawa, 1992.

MARTEL, Louise et Jean-Guy ROUSSEAU. *Le gestionnaire et les états financiers, 2e édtion*, Les Éditions du Renouveau pédagogique, collection Mercure sciences comptables, Saint-Laurent, 1993.

O'SHAUGNESSY, Wilson. *La faisabilité de projet : une démarche vers l'efficience et l'efficacité*, Les Éditions SMG, Trois-Rivières, 1992.

PERRIEN, Jean, Emmanuel J. CHÉRON et Michel ZINS. *Recherche en marketing, méthodes et décisions*, Gaëtan Morin Éditeur, Chicoutimi, 1983.

SALLENAVE, Jean-Paul et Alain D'ASTOUS. *Le marketing : de l'idée à l'action, 2e édition*, Les Éditions Vermette inc., Boucherville, 1994.

SCOTT'S DIRECTORY. *Répertoire d'entreprises québécoises et canadiennes*, disponible à la bibliothèque de l'Université de Sherbrooke.

STATISTIQUE CANADA. *Profils des petites entreprises* (40 $ pour un type d'entreprise). Pour information, télécopieur (514) 283-9350.

THE THOMAS REGISTRER OF AMERICAN MANUFACTURERS. Répertoire, publication annuelle des entreprises manufacturières américaines.

TOULOUSE, Jean-Marie. *Se lancer en affaires, un choix pour l'ingénieur*, 2e édition, Ordre des ingénieurs du Québec en collaboration avec la Fondation de l'Entrepreneurship, Montréal, 1995.

TURGEON, Bernard. *La pratique du management*, 2e édition, McGraw-Hill éditeurs, Montréal, 1989.

TIMMONS, Jeffrey, Leonard E. SMOLLEN et Alexander M. DINGEE. *New venture creation, a guide to entrepreneurship, second edition*, Richard D. Irwin, Homewood, Ill., 1995.

De la collection Entreprendre, Les Éditions Transcontinental inc. et Fondation de l'Entrepreneurship :

BÉGIN, Jean Pierre et Danielle L'HEUREUX. *Des occasions d'affaires : 101 idées pour entreprendre*, 1994.

BLAIS, Roger et Jean-Marie TOULOUSE. *Entrepreneurship technologique : 21 cas de PME à succès*, 1992.

CARRIER, Serge. *Le Marketing et la PME*, 1994.

CHIASSON, Marc. *Marketing gagnant*, 1994.

DUBUC, Yvan et Brigitte VAN COILLIE TREMBLAY. *En affaires à la maison : le patron, c'est vous !*, 1994.

FORTIN, Paul-Arthur. *Devenez entrepreneur : pour un Québec plus entrepreneurial*, 2e édition, 1993.

FORTIN, Régis. *Comment gérer son fonds de roulement : pour maximiser sa rentabilité*, 1995.

GASSE, Yvon et Aline D'AMOURS. *Profession entrepreneur: avez-vous le profil de l'emploi ?*, 1993.

JULIEN, Pierre-André (sous la direction de). *Pour des PME de classe mondiale: recours à de nouvelles technologies*, 1994.

LAFERTÉ, Sylvie. *Comment trouver son idée d'entreprise: découvrez les bons filons, 2e édition*, 1993.

LEVASSEUR, Pierre, Corinne BRULEY et Jean PICARD. *Autodiagnostic: l'outil de vérification de votre gestion*, 1991.

SOLIS, Michel A. (avec la collaboration de Michelle Gagné). *Votre PME et le droit: inc. ou enr., raison sociale, marque de commerce... et le nouveau Code civil, 2e édition* (1994).

VALLERAND, Jacques P.M. et Philip L. GRENON. *Naviguer en affaires: la stratégie qui vous mènera à bon port!*, 1995.

Lexique des principaux termes financiers utilisés

Actif à court terme

Dans le bilan d'une entreprise, l'actif à court terme comprend généralement l'encaisse (argent dont dispose l'entreprise), les dépôts de sécurité pour le loyer ou les services publics, les placements, les stocks de biens à revendre ou de matières premières, les comptes clients. Il inclut aussi tout autre élément possédé par l'entreprise qui pourrait être vendu ou encaissé dans une période inférieure à 12 mois.

Actif à long terme

Dans le bilan d'une entreprise, l'actif à long terme comprend tous les éléments que possède l'entreprise afin de fabriquer ou de vendre son produit ou son service. On y retrouve des biens comme l'équipement, l'outillage, le matériel roulant (camion), la bâtisse et le terrain, l'enseigne extérieure, les équipements de bureau et d'informatique, etc. Il s'agit ici de bien que l'entreprise doit conserver afin de vaquer à ses opérations.

Avoir du propriétaire

Dans le bilan d'une entreprise, l'avoir du propriétaire représente la différence entre la somme des éléments d'actif (court et long terme) et les dettes de l'entreprise. Tout comme dans le bilan personnel, il s'agit ici de la valeur nette, ce que l'on possède, moins ce que l'on doit. Il se calcule en ajoutant les revenus nets ou en retranchant les pertes nettes de l'entreprise à la mise de fonds du début du propriétaire pour la première année d'opération. Cette valeur à la fin de la première année devient la valeur au début de la deuxième année et replace alors la mise de fonds dans le calcul de l'avoir.

Bilan

Le bilan d'une entreprise présente d'un côté ce que l'entreprise possède (les éléments d'actif à court et à long terme) et, de l'autre côté, ce que l'entreprise doit (les éléments de passif à court terme et à long terme) de même que ce que vaut l'entreprise (avoir du propriétaire).

Coût des marchandises vendues

Pour les entreprises commerciales et manufacturières, le coût des marchandises vendues représente ce qu'il en a coûté à l'entreprise pour produire ou vendre ses produits. Il se calcule en ajoutant les achats de l'année et en déduisant les stocks de la fin de l'année aux stocks du début de l'année.

Endettement

L'endettement d'une entreprise est le solde total des montants qu'elle doit à ses créanciers, qu'il s'agisse d'un établissement financier ou d'un fournisseur.

État des résultats

L'état des résultats, aussi connu sous le nom d'état des revenus et dépenses, présente la différence entre les ventes et les dépenses encourues par l'entreprise pour réaliser ces ventes. Il permet de déterminer la marge bénéficiaire brute, le profit avant impôt, l'impôt à payer et le profit après impôt.

Fonds de roulement

Le fonds de roulement d'une entreprise est composé de l'encaisse, des comptes clients et des stocks de l'entreprise, soit la majorité des éléments d'actif à court terme. Il sert à évaluer si l'entreprise est à même de faire face à ses obligations financières à court terme.

Liquidités

Les liquidités ressemblent beaucoup au fonds de roulement. On leur retranche cependant les stocks pour avoir une meilleure idée de l'argent comptant disponible à court terme afin de payer les comptes courants de l'entreprise.

Marge bénéficiaire brute

La marge bénéficiaire brute se calcule en retranchant le coût des marchandises vendues du total des ventes. Elle représente alors le montant d'argent qu'il reste à l'entreprise afin de payer les dépenses courantes, notamment les frais fixes comme le loyer, les assurances, etc. À noter que les achats de stocks ont été calculés comme des frais variables dans l'évaluation du coût des marchandises vendues.

Marge bénéficiaire nette

La marge bénéficiaire nette s'obtient lorsque l'on soustrait les dépenses de la marge bénéficiaire brute. Elle indique le profit avant impôt lorsqu'on la calcule en argent et se nomme marge bénéficiaire nette lorsqu'on la calcule en pourcentage.

Mouvement de trésorerie

Le mouvement de trésorerie est un état prévisionnel qui permet d'évaluer la façon dont les entrées et les sorties de fonds se feront dans l'entreprise.

Passif à court terme

Les éléments de passif à court terme comprennent les dettes que l'entreprise devra payer d'ici les 12 prochains mois. Généralement, on y retrouve les comptes fournisseurs, le solde de la marge de crédit et la portion de la dette à long terme dûe dans les 12 prochains mois.

Passif à long terme

Les éléments de passif à long terme comprennent le solde de l'ensemble des dettes de l'entreprise moins, naturellement, la portion dûe à court terme. On y retrouve généralement des hypothèques mobilières (emprunt pour de l'équipement par exemple) et des hypothèques immobilières (emprunt pour une bâtisse par exemple).

Profit avant impôt

Il s'agit de la somme qui sera imposée par les deux paliers de gouvernement. Elle se calcule en déduisant les dépenses de la marge bénéficiaire brute de l'entreprise.

Stocks de la fin

Les stocks de la fin représentent l'inventaire de matières premières ou de biens à revendre qui reste dans l'entreprise à la fin de l'année financière. Lorsque l'entreprise est en exploitation, on détermine le montant de stocks à la fin par le biais d'un inventaire physique. Dans les prévisions financières, il faut estimer ce montant en se servant de nos prévisions de ventes et d'achats. Au début du prochain exercice financier, les stocks de la fin deviennent les stocks du début.

Stocks du début

Au démarrage, les stocks du début sont représentés par l'évaluation que vous faites de l'inventaire nécessaire afin de répondre à la demande. Ensuite, ils sont calculés à partir des stocks de la fin de l'année précédente.

ANNEXE 1

Interface gouvernementale en matière de propriété intellectuelle

Enviro-Accès inc., le Centre pour l'avancement
des technologies environnementales
855, rue Pépin
Sherbrooke (Québec) J1L 2P8
Tél. : (819) 823-2230

Société de développement industriel du Québec (SDI)
770, rue Sherbrooke Ouest, 9e étage
Montréal (Québec) H3A 1G1
Tél. : (514) 873-4375

Centre de recherche industrielle du Québec (CRIQ)
8475, rue Christophe-Colomb
Montréal (Québec) H2P 2X1
Tél. : (514) 383-1550

Centre des matériaux composites de Saint-Jérôme
Cégep de Saint-Jérôme
303, rue Parent
Saint-Jérôme (Québec) J7Z 2A1
Tél. : (514) 436-3042

Industrie, Commerce, Science et Technologie (Québec)
Division des transferts et des alliances stratégiques
770, rue Sherbrooke Ouest, 6e étage
Montréal (Québec) H3A 1G1
Tél. : (514) 982-3020

Centre spécialisé de technologie physique
Cégep de La Pocatière
140, 4e Avenue
La Pocatière (Québec) G0R 1Z0
Tél. : (418) 856-1525

Centre des technologies du gaz naturel
35-7, rue Lauzon
Boucherville (Québec) J4B 1E7
Tél. : (514) 449-4774

Le centre spécialisé en robotique
Cégep de Lévis-Lauzon
205, rue Mgr-Bourget
Lévis (Québec) G6V 6Z9
Tél. : (418) 833-1965

Centre de formation et de recherche en environnement du Moyen Nord inc.
1209, boul. Sacré-Cœur
Saint-Félicien (Québec) G8K 2P8
Tél. : (418) 679-8710

Centre de haute technologie de Jonquière inc.
2780, rue Panet
Case postale 23 043
Jonquière (Québec)
Tél. : (418) 695-3132

Conseil de l'industrie de l'hydrogène
1800, avenue McGill College, bureau 2610
Montréal (Québec) H3A 3J6
Tél. : (514) 288-5139

Industrie Canada
Centre des services aux entreprises
5, place Ville-Marie
Bureau 12 500, niveau mezzanine
Montréal (Québec) H3B 4Y2
Tél. : (514) 496-4636

COLLECTION ENTREPRENDRE

J'ouvre mon commerce de détail
24 activités destinées à mettre toutes les chances de votre côté
Alain Samson

29,95 $
1996

Devenez entrepreneur (version sur cédérom)
Plan d'affaires
Alain Samson, en collaboration avec Paul Dell'Aniello

59,95 $
1996

Devenez entrepreneur (version sur disquettes)
Plan d'affaires
Alain Samson

34,95 $
3 disquettes, 1996

Communiquez ! Négociez ! Vendez !
Votre succès en dépend
Alain Samson

24,95 $
276 pages, 1996

La PME dans tous ses états
Gérer les crises de l'entreprise
Monique Dubuc et Pierre Levasseur

21,95 $
156 pages, 1996

La Gestion par consentement
Une nouvelle façon de partager le pouvoir
Gilles Charest

21,95 $
176 pages, 1996

La Formation en entreprise
Un gage de performance
André Chamberland

21,95 $
152 pages, 1995

Profession : vendeur
Vendez plus... et mieux !
Jacques Lalande

19,95 $
140 pages, 1995

Virage local
Des initiatives pour relever le défi de l'emploi
Anne Fortin et Paul Prévost

24,95 $
275 pages, 1995

Des occasions d'affaires
101 idées pour entreprendre
Jean-Pierre Bégin et Danielle L'Heureux

19,95 $
184 pages, 1995

Comment gérer son fonds de roulement
Pour maximiser sa rentabilité
Régis Fortin

24,95 $
186 pages, 1995

Naviguer en affaires
La stratégie qui vous mènera à bon port !
Jacques P.M. Vallerand et Philip L. Grenon

24,95 $
208 pages, 1995

Des marchés à conquérir
Chine, Hong Kong, Taiwan et Singapour
Pierre R. Turcotte

29,95 $
300 pages, 1995

De l'idée à l'entreprise
La République du thé
Mel Ziegler, Patricia Ziegler et Bill Rosenzweig

29,95 $
364 pages, 1995

Entreprendre par le jeu
Un laboratoire pour l'entrepreneur en herbe
Pierre Corbeil

19,95 $
160 pages, 1995

Donnez du PEP à vos réunions
Pour une équipe performante
Rémy Gagné et Jean-Louis Langevin

19,95 $
128 pages, 1995

Marketing gagnant
Pour petit budget
Marc Chiasson

24,95 $
192 pages, 1995

Faites sonner la caisse !!!
Trucs et techniques pour la vente au détail
Alain Samson

24,95 $
216 pages, 1995

En affaires à la maison
Le patron, c'est vous !
Yvan Dubuc et Brigitte Van Coillie-Tremblay

26,95 $
344 pages, 1994

Le Marketing et la PME
L'option gagnante
Serge Carrier

29,95 $
346 pages, 1994

Développement économique
Clé de l'autonomie locale
Sous la direction de Marc-Urbain Proulx

29,95 $
368 pages, 1994

Votre PME et le droit (2e édition)
Enr. ou inc., raison sociale, marque de commerce...
et le nouveau Code Civil
Michel A. Solis

19,95 $
136 pages, 1994

Mettre de l'ordre dans l'entreprise familiale
La relation famille et entreprise
Yvon G. Perreault

19,95 $
128 pages, 1994

Pour des PME de classe mondiale
Recours à de nouvelles technologies
Sous la direction de Pierre-André Julien

29,95 $
256 pages, 1994

Famille en affaires
Pour en finir avec les chicanes
Alain Samson en collaboration avec Paul Dell'Aniello

24,95 $
192 pages, 1994

Profession : entrepreneur
Avez-vous le profil de l'emploi ?
Yvon Gasse et Aline D'Amours

19,95 $
140 pages, 1993

Entrepreneurship et développement local
Quand la population se prend en main
Paul Prévost

24,95 $
200 pages, 1993

Comment trouver son idée d'entreprise
Découvrez les bons filons
Sylvie Laferté

19,95 $
159 pages, 1993

L'Entreprise familiale (2e édition)
La relève, ça se prépare !
Yvon G. Perreault

24,95 $
292 pages, 1993

Le Crédit en entreprise
Pour une gestion efficace et dynamique
Pierre A. Douville

19,95 $
140 pages, 1993

La Passion du client
Viser l'excellence du service
Yvan Dubuc

19,95 $
210 pages, 1993

Entrepreneurship technologique
21 cas de PME à succès
Roger A. Blais et Jean-Marie Toulouse

29,95 $
416 pages, 1992

Devenez entrepreneur (2e édition)
Pour un Québec plus entrepreneurial
Paul-A. Fortin

27,95 $
360 pages, 1992

Les Secrets de la croissance
4 défis pour l'entrepreneur
Sous la direction de Marcel Lafrance

19,95 $
272 pages, 1991

Correspondance d'affaires
*Règles d'usage françaises et anglaises
et 85 lettres modèles*
Brigitte Van Coillie-Tremblay, Micheline Bartlett
et Diane Forgues-Michaud

24,95 $
268 pages, 1991

Relancer son entreprise
Changer sans tout casser
Brigitte Van Coillie-Tremblay

24,95 $
162 pages, 1991

Autodiagnostic
L'outil de vérification de votre gestion
Pierre Levasseur, Corinne Bruley et Jean Picard

16,95 $
146 pages, 1991

DATE DE RETOUR	L.-Brault
22 OCT. 1999	2 5 SEP. 2001
1 0 NOV. 1999	2 9 SEP. 2005
? ? JUIN 2000	
2 0 JUIN 2000	
2 4 OCT. 2000	
0 8 SEP. 2001	
1 0 OCT. 2002 0 6 NOV. 2004	
0 6 NOV. 2004	

Bibliofiche 297B